四十路のライダー
タクトで走る！
自分探しの旅・おんなは度胸編

丹羽恵美子

文芸社

はじめに

私が原付の免許を取ったのは、十九の春でした。

二十歳の秋、結婚して徳島に来ましたが、婚家の前の道路は別名ダンプ街道とも呼ばれるほどの物騒（？）な道でした。

怖いもの知らず、とあだ名されていた私も、知らない道と大きなダンプに恐れをなし、バイクに乗ることをやめていました。育児に専念する間に、更新に行けない年があり最初の免許は流れてしまいました。

四十歳の誕生日に、意を決してもう一度免許を取ったものの、その後の四年間は身分証明書としての機能しか果たさずにいました。

一九九九年春、私は中古の真っ赤なタクトを買いました。そして秋、着替えとモバイルパソコンをしっかりとくくりつけ、徳島から神奈川まで九日間かけて移動しました。そうなのです、そのときは移動が目的だったのです。

けれども、その中で新しい発見が山のようにありました。若いときと同様に怖いもの知らずで、なんとかなるさ、と神奈川にも住まいを見つけました。

アルバイトとタクトでの旅が中心の生活ができればいいな、と考えるようにもなりました。怖いもの知らずの性格に加え、近年では流れに逆らわず、と開き直ることも覚えてしまった私の、気ままな人生記とお考えください。

目　次

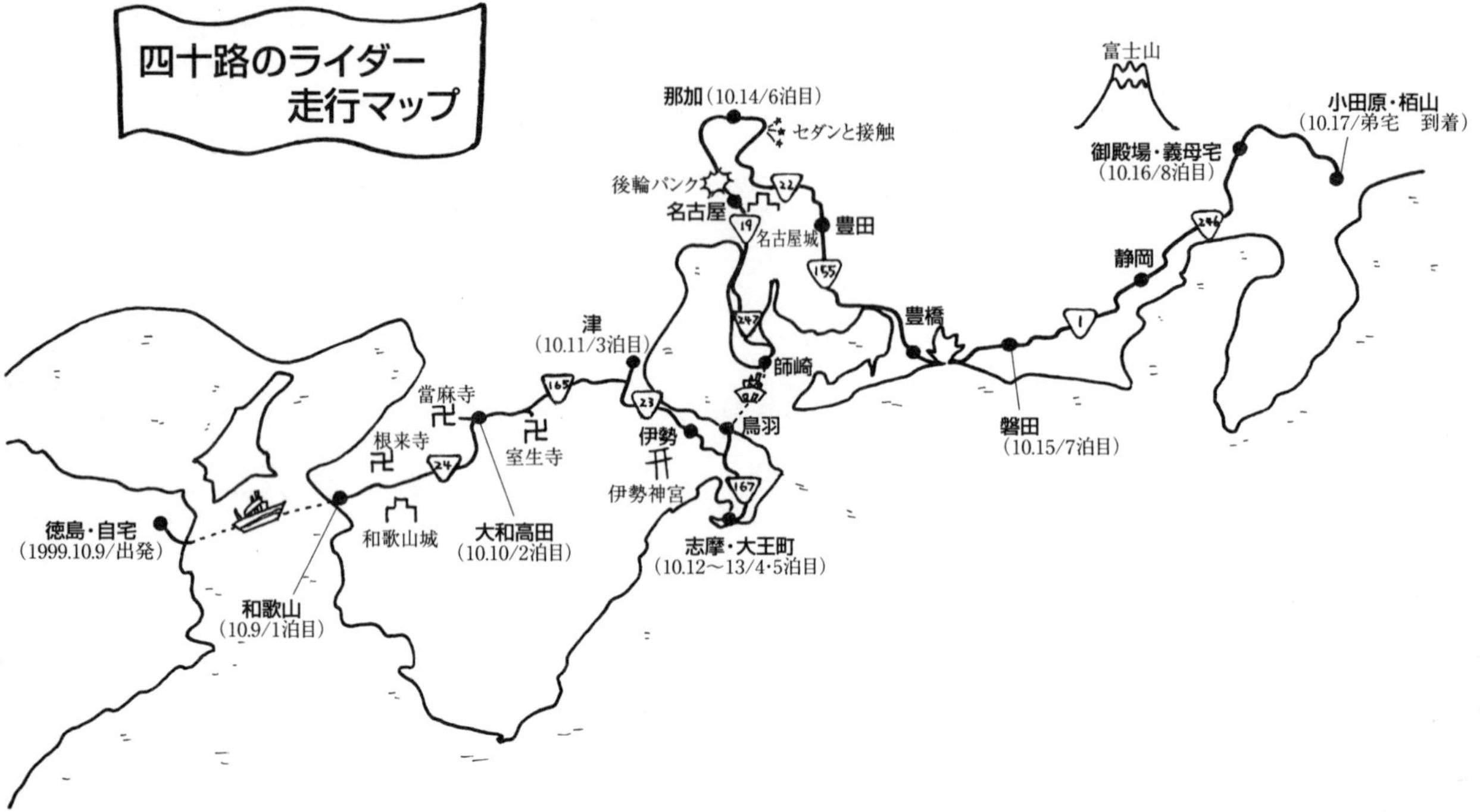
四十路のライダー
走行マップ
徳島・自宅
（1999.10.9/出発）
和歌山
（10.9/1泊目）
和歌山城
根来寺
当麻寺
大和高田
（10.10/2泊目）
室生寺
津
（10.11/3泊目）
伊勢
伊勢神宮
鳥羽
志摩・大王町
（10.12～13/4・5泊目）
師崎
後輪パンク
名古屋
名古屋城
那加（10.14/6泊目）
セダンと接触
豊田
豊橋
磐田
（10.15/7泊目）
静岡
富士山
御殿場・義母宅
（10.16/8泊目）
小田原・栢山
（10.17/弟宅　到着）

四十路のライダー　タクトで走る!

――自分探しの旅・おんなは度胸編

†旅立ちのとき／徳島出発　（和歌山　泊）

二、三日分の衣類とモバイルパソコンを用意して、いよいよ私は出発した。当初の予定とはずいぶん変わってしまったが、今は流されるままに流されてみよう、そんな気持ちになっていた。

一九九九年十月九日。

二十四年近く暮らした徳島をあとにする日、港まで娘が見送りに来てくれた。

荷物は三つ。

大き目のリュックに三日分の着替え、洗面道具などを入れ、そのリュックにファスナーで接続できる小さ目のデイパックにパソコンやＰＨＳのマニュアル、筆記用具などを入れた。モバイルパソコンは専用のバッグに入れて前の籠に納まり、財布や免許などの貴重品を入れたショルダーバッグを肩からかけて、準備は整った。

実際に着替えのリュックをバイクに縛りつけるのは、容易ではなかった。バランスも悪いし、ミニバイクの荷台はそんな大きなものを載せるようにはできていないのだ。

ふらつきながらもエンジンをかけ、私は走り出した。娘がフェリー乗り場まで見送りに行くと言ってくれた。抜きつ抜かれつしながらも、気がつけば途中渋滞に遭い、娘は私よりも遅れてフェリー乗り場に到着した。

もう、乗船が始まっている。

家族と共に、車でフェリーに乗ったことは何度もあるが、ひとりでしかもバイクで乗るのはこれが初めて。

様子のわからない私は、バイクを降りて待合室に入り、窓口で尋ねたあとバイクに乗って二輪専用のチケット売り場に行った。

和歌山までのチケットを買い、すぐさま私は船上の人となった。


ここまでは、何だかんだと言いながらスムーズに来たように見える。

だが、チケットを買うとき私はとても心配だった。車で乗船するとき、夫は車検証を見せていたと記憶している。

バイクにもそれは必要だろうか、まずそれを思った。

――えっ、そんなものもらっていないよ。だって、これ、中古だもの。

そんなドキドキのまま、バイク専用の窓口に立ったのだ。

私のそんな心配をよそに、係員はすぐさま金額を言い、移動を命じた。

――あれ、こんなものなの？　車検証って要らないの⁈　よかった……

船に乗って、バイクを固定することも初めて。

いつも通りハンドルをロックしていたら、ロックを外すように言われた。

船員さんが、慣れた手つきで二本のロープを船体に固定したフックに留めると、タクトは動かなくなった。

　パソコンの入ったバッグとショルダーバッグを肩にかけて、私はデッキに向かい、真っ赤なヘルメットを持ったまま娘の姿を探した。

娘も、私の姿を見つけると少しでも近くにと移動してきた。

デッキに姿を見せた私の顔がしっかりと見える場所に陣取って、娘は笑顔を見せていた。

チケットを買うときのことを恥ずかしげもなく話す私に、心配そうに娘は言った。

「ほんまに、いけるんぇ？」

「いける、いける。おばさんパワーで何とでもするよ。心配しなさんな！」

「和歌山には、みさき公園があるよ。友達と行ったけどおもしろかったから、行ってみたら？」

「ダメだよ。奈良に寄りたい場所があるの」

「じゃあ、大仏を見たり鹿にせんべいをあげられるね」

「そっちじゃなくて、山沿いのひなびた場所を走ろうと思っているから……」

「えっ、それじゃあ、ＰＨＳの電波が届かないかもしれないよ！」

　そんな会話を楽しんだ。

「しばらくの間、よろしくね！」

その後、会話が途切れた。娘は私の顔を見ようとしない。

私も、こみ上げてくる涙を止めようと、唇を強く噛み締めていた。

銅鑼が鳴り、いよいよ出航のとき。

それでも娘は私の顔を見ようとはせず、じっと足元を見つめている。唇を噛み締め、さびしさを顔に、言葉に出さないようにしていることが見て取れた。

私にしても、笑顔は絶やさないようにしているものの、娘の姿が涙でかすんで見える。

船がゆっくり動き始めると、娘の顔がくしゃくしゃになった。

ポロポロとこぼれる涙を拭こうともせず、娘はじっと私の顔を見つめている。

そんな娘に、私も涙を拭くこともせず精一杯の笑顔を見せていた。

きをつけてね

娘の口が大きく動いた。

家族に、こんな辛い思いをさせてまでやらなければいけないことって、本当にあるんだろうか……

私の、家族にとっては迷惑この上ない今回の旅は、自分でもなぜこんなことをしているのだろう、というなぞを胸に秘めたままの行動なのだ。

小さくなっていく娘の姿をじっと見つめながら、すぐには引き返せないぞ、と身の引き締まる思いがし、自分の頑固さにあきれながらも、やるっきゃない！　と自分を鼓舞していた。

時は一九九九年十月九日、快晴の空の下、無知と無謀を味方につけてとうとうミニバイクでの旅が始まった。

十四時十五分徳島発の南海フェリーは、十六時十五分には和歌山港に到着した。今夜の宿は、和歌山駅の周辺と決めている。初めての土地、初めてのバイク旅行。希望というよりも、本心は怖さのほうが勝っていたと思う。

まず家を出よう、と思った。

行き先はとりあえず東に決めた。

どこをどう走っていくか、どこで宿を取るのか、そんなことは決まっていない。所持金が底をついたらどうしよう……

事故に遭ったら、誰かに騙されたらどうしよう……

不安の種は山ほどあった。

流されるままに漂ってみよう、そう決めたはずなのに、こころはふらふらと『どうしよう』と『なんとかなるさ』の間を行きつ戻りつしている。

ええい、ままよ！　と度胸を決めて、和歌山駅に辿り着くことだけを考えエンジンをふかした。

一日にどのくらい走ることができるのか、何時間走り続けられるのか、そんなことは念頭になかった。とにかく走っていれば、どこかに着くさ、そんな軽い気持ちで始めたことだった。

県庁所在地の駅に行けばビジネスホテルだってあるだろう、そう考えた。

ある程度の資金は持って出たものの、支出は極力抑えたい。一番の出費は宿泊費になるはずだから、公共の宿か素泊まりのビジネスホテルを、と考えていた。

どこまで走れるかわからない、突然電話なり直接出向いて、今夜の宿を……と頼むわけだ。

おんなのひとり旅は嫌われる、などという話をその昔聞いた気がする。

どうなることやら……

そんな思いを振り切り、なんとでもなるさ、で和歌山駅に向けて走り出した。

徳島の道にも精通しているわけではない。再びバイクに乗り始めてほんの五カ月。初めての和歌山の道路環境は、決して良いものではなかった。けれど、正面に見える太陽が応援してくれている、そんな気がした。

しばらく走ると、大きな道路と出合った。国道二四号線だろう。一番左の路肩をとことこと走りながら、どこまで続いているのかな、なんてことを考えた。

『和歌山市駅』の案内板が見えたとき、あれっと思った。

そうだ、和歌山にはJRの和歌山駅と南海電鉄の和歌山市駅とがあったんだ。しかも、市駅のほうが賑やかだ、と聞いたような気がする。

そんなことを思い出したときには、既に市駅方面への案内をとっくに通り越していた。

まあ、いいや、和歌山駅が目的地なんだから、と先を急いだ。

途中、右手に和歌山城が現れた。

初代藩主徳川頼宣が入城以来、紀州五十五万五千石を誇る水戸・尾張と並ぶ徳川御三家の居城。五代藩主は八代将軍でもある徳川吉宗である。

生涯で二十以上もの城を築城したという藤堂高虎が、鉄砲での戦に備え総石垣で造ったと言われる和歌山城。

白亜の天守閣が夕日に映えてとても美しい。くるっと城の周りを周回し、また本線に戻った。時間があればゆっくり遊んでいきたい城だった。

和歌山駅に着いたとき、日はかなり西に傾いていた。駅の傍らの、私には泊まれないホテルの前にタクトを止めて、駅構内に入っていった。既に、案内所は閉じられており、時刻表での検索。

自分の目で見た限りでも、時刻表でも、思うようなホテルは見つからない。ここで探すより、市駅に行ったほうがいいんだよ、自分にそう言い聞かせると今来た道を走り始めた。市駅は、JRの駅よりもずっと港寄りにある。

秋の日の釣瓶落としの日も暮れて、あたりはうっすらと夕闇が漂い始めた。目指す市駅の構内で旅行社を見つけると、

「ここから近くて安い宿を見つけてください」

と頼み込んだ。さすがに市駅周辺にはたくさんのホテルが目に入ったが、電話をかける気力も直接交渉する気力も、その頃には萎えていたのだ。

最初の電話では断られたようだ。二軒目に電話をかけ、首尾良く宿を取ってもらえた。

本当に駅の前にある富士ホテル、素泊まりで六千三百円。

痛いけど、仕方ないな、そうつぶやきながら旅行社をあとにした。

目についたパン屋で今夜と明朝の食料を調達した。と言っても、パンを二個とジュースを二本。

八月からのイメージトレーニングで、食欲の落ちている私には充分な量だ。

今夜の宿のチケットを手に、ようやくホテルに辿り着いた。

十月九日　支出合計　九千七百八十円
内訳　フェリー代　二千六百六十円
宿泊費　六千六百六十五円
食費　四百五十五円

†幸せは何処に／根来寺

（大和高田　泊）

徳島を出て初めての朝、ＰＨＳは昨夜の計画通り、六時には私を起こしてくれた。もっとも、浅い眠りで夜中、何度も目が覚めたが……

それでも目覚めは良い。これも自由なこころのなせる業だろうか。少し体を動かし、昨日買ったパンとジュースの簡単な朝食を摂った。朝の貴重な時間をどう過ごすか、それはこれからの私の、大切な課題だった。家族との生活で、たくさん時間はあった。けれども、無尽蔵にあるかのように、私は時間を浪費してきたようだ。不平不満ばかりを口にし、一番怠けていたのかもしれない。

自分の財産でもある書き溜めたものを、フロッピーディスクに入力しよう、そう考えて持参した原稿を、早速打ち込み始めた。ひとりは良い。朝早く起きて、パソコンに向かっても、簡単な運動をして埃を舞わせても、パンとジュースの朝食にしても、誰も怒る人はいない。

合計四枚の原稿をフロッピーディスクに収め、次に今日の行動を思った。

出かける前に用意した道路地図。できるだけ荷物を少なくと選んだ全国版のこの地図には、情けないほど大まかなことしか記載されていない。その地図の和歌山のページを開いた。

どうしても譲れないのは、室生寺に行くこと。ここだけはどんなことがあっても行こう、と決めた思い出の場所。

そこまでの道程を、ゆっくりと指で辿っていると、根来寺という朱の文字が目に入った。

根来？　聞いたことがある。時代ものにはまったとき？　いや、日本史で習ったのかもしれない。とにかく、根来衆という集団として、記憶があった。


行ってみようか……


決断は早い。とにかく急ぐ旅ではないのだから。

体育の日の、十月十日。

東京オリンピックの開会式だったこの日、東京はやはり快晴だったとか。そんな話が狭い部屋のラジオから流れてきた。

そうだったのか……

東京オリンピックの年、私は小学校四年生。

授業で青、黄、黒、緑、赤の五輪の輪を組み込んだオリンピックのポスターを書いたことを思い出した。

まだ春寒い頃だったように記憶しているが、聖火ランナーが近くの国道一号線を走るというので、学校を挙げて旗を振り応援したことも走馬灯のように思い出された。

ああ、今日はそんなめでたい日（？）なんだ。

私の旅の最初の朝も、こんなに上天気ということは、旅の成功を予言しているのだ！

そんな勝手なことを考えながら荷物をまとめた。

和歌山市駅前のホテルを九時半に出発すると、国道二四号線を走り始めた。

祭日の道路は、空いている。と言っても普段の国道二四号線の道路事情に詳しいわけではないが、そんな気がした。

しばらく走ると、右手にホームセンターが見えた。

昨日荷物を縛りつけたロープは、私が自転車に乗っていたときからのもので、少々疲労している。不安定な上に、ロープまでがぼろでは先行き不安なので、ロープと防犯のため、鍵を買うことにした。

よたよたと右折し、まだ新しいその店に入った。秋の草花を買い求める人で、開店間もない店内は既に活気に満ちていた。

うろうろと歩き回り、これぞと思うものを持って歩いていると、またそそられるものに出合ってしまう。そんなことを繰り返しながら、鍵とゴムロープを手に入れた。


会計を済ませると、あとの客の迷惑も考えずレジの女性に尋ねた。

「根来寺に行きたいんですけど、この前の道を走ればいいんですよね？」

彼女は無言のまま不安そうな顔を、隣のレジのもう少し年配の女性に向けた。

「岩出町に向いて走れば、大丈夫ですよね！」

私は、年配の女性に笑顔を向けた。

「そう、このまま走れば岩出に着くけど、結構距離はあるよ！」

この道で大丈夫と、それさえわかれば距離は問題ではない。

感謝の言葉を残し、バイクの荷物を改めて縛りつけ、また走り出した。

紀ノ川を左手に見ながら、土手を走った。

大阪街道を走っていたつもりだが、改めて地図を見ると、二四号線だったかもしれない。毎日吉野川を見慣れていた目には、紀ノ川はとても小さな川に思えた。それでも、所々で白波を立てながらさらさらと流れている。優しい女性のような川だな、と思った。

釣りをする親子の姿も目につく。のどかな、こころ休まる光景だ。

土手には、黄色い花が咲く、徳島あたりではブタクサといわれる渡来の雑草が生えている。もう少し季節が進むと、このブタクサの花粉で情けない状態になることを考えると、蕾の今は最高のツーリングの季節かもしれない。

そんなことを思いながら、橋を渡り岩出に入った。ここまで来ると、根来寺の案内も見ることができる。

†幸せは何処に／根来寺

まず最初に、岩出駅を目指した。

ＪＲ岩出駅は、こぢんまりとした駅舎の、まだ新しい駅だった。駅に行けば観光案内板があると、子供の頃から知っていたことも駅を目指した理由かもしれない。

思惑通り、岩出駅には立派な観光案内板があった。

根来衆のこと、根来寺のことがかなり理解できた。すぐそばには、岩出町民俗資料館もあり、根来塗の講習もあると書いてある。

資料館という文字から、黴臭い難解な文書などを想像したが、根来塗の講習に惹かれ覗いてみることにした。

細い民家の間の道を抜けると、上り坂になった。このとき、私は自分の迂闊さに気がついた。燃料タンクは空に近いことをごく簡単な計器が教えてくれている。町から離れ、山を目指していると言ってもよい。


うわぁ、どうしよう……

スタンドはあるかなあ。

ええいままよ、と坂道を上り切ると今度は二車線のしっかりした道路が現れ、目指す根来寺はあっけないほどすぐ目の前だった。

砂利を敷きつめてある、広い駐車場。

紅葉にはまだ早いあたたかな秋の日、行楽客も多い。店のすぐそばの、既に止めてある大型バイクに近づけてタクトを止めると、パソコンのバッグとショルダーバッグを肩に、資料館へと向かった。

そこで目にしたものは、こころ躍る『入場料無料』の文字だった。

『入場無料』の文字に誘われて、それでも恐る恐る足を踏み入れた私は、資料館特有の黴臭い香りではなく、かぐわしいコーヒーの香りに驚いた。

喫茶室がある風でもないのだが、そんな香りに緊張が解けるのを感じ、気を取り直して展示室へと足を向けた。


古代から、中世、近世への移り変わりをVTRで紹介している。

モニターの前にはそれぞれ二、三脚の椅子も置いてある。参観者の移動と共に私も、次々とVTRに教えを請いながら岩出の里へとタイムスリップしていった。

圧巻だったのは、根来寺の開山、衰退、そして復興のくだり。

私の知りたかったことを簡潔に、しかも内容たっぷりにまとめ紹介してくれていた。


新義真言宗の総本山である根来寺は、覚鑁《かくばん》という僧によって学問の場として開かれたのだが、それまで覚鑁は、高野山で修行をしていたと言われている。室町末期の最盛期には、塔坊舎二千七百余り、寺領七十二万石、僧兵一万余を擁する大勢力になっていた。

一万余の僧兵は根来衆と呼ばれ、勇猛にして果敢、卓越した鉄砲隊の一大武装集団だったという。彼らは、信長の帰順の求めにも応じず敵対し、天正十三年（一五八五年）、雑賀、太田勢と共に秀吉にも抵抗し、大敗。根来の里は焦土と化した。江戸時代に本坊は再建されている。

ふうん、と感心しながら、そうだった、信長という人は増大する僧兵に対しかなりなことをやってのけた人だった、と思い出した。

私が信長、秀吉、家康に興味を持ったのは、大河ドラマの影響だった。それまでは社会科の授業の域を出なかったのだが、脚本もさることながら、芸達者の役者陣に魅了され、気がつけば通を気取るようになっていた。性格的には信長が好きだなと思ったが、家康についてはどうにも狸親父の印象を拭えず、嫌いなままでいた。

ところが、英国のペンフレンドと文通を深めていた私は、彼女から『将軍』という三船敏郎、島田陽子主演の映画のことを尋ねられた。

その映画についての、最小限の知識はあったものの本を読んだこともなく、映画も見ていなかった私は、県立図書館に赴き、分厚い上下巻二冊を借りてきて、一気に読み上げた。

家庭用ゲーム機のソフトにも『将軍』はあり、登場人物はそのままだったが、読んでいくうちに、モデルが誰か想像がつくようになっていった。

『将軍』で、家康をモデルにしたであろうと思われる人物を知ってからは、どうしても家康について知りたくなり、山岡荘八氏の徳川家康を完全読破するのに、大した時間はかからなかった。

信長と家康の関係、信長と秀吉の関係、秀吉と家康の関係、そんな基礎知識は出来上がっていったが、それぞれの時代の人々の生活についてはほとんど知らずにいた。

新たにその時代の知識を得て、ふ～んと感心しながらそのあとは、障子の向こうでカタカタと糸車の回る音がする、おばあちゃんと小さな子供が影絵になった部屋の前で、龍の嫁になった民話を楽しみ、あたたかい気持ちになって展示場をあとにすると、雛壇になった根来塗の工房に出合った。

残念なことに、その日は実習できる日ではない。それでも二人、関係者と思しき人の姿を目にした私は、いじましげにそのあたりをうろうろとしていた。

「良かったら、上がってご覧になりませんか？」

「えっ、よろしいんですか？」

思惑通りに声をかけられた私は、白々しく問い返しながらそそくさと雛壇に上がると、工房の様子をしっかりと見渡した。

道路に面した大きなガラス窓の工房には、今はいない人々の熱情が感じられるし、道具や備品の置いてある事務室には、週二回の実習というには余りある日常が感じられた。

「塗り物に興味がおありですか？」

そう聞かれたが、私の塗り物に関する知識など、悲しいけれどないに等しい。ありったけの知識を、恥ずかしげもなく披露していると、その男性は、

「根来塗講座で指導をしている者です」

と名刺を渡してくださった。


根来塗は輪島塗のルーツであること、朱色を基調にし、また刷毛目の美しさを愛で、使いこなしていくうちに二つとないすばらしい作品になることなど、熱心に話してくださった。そして、少々乱暴に扱っても根来塗の椀ははげたりしないこと、大切だからと飾って

おくことのほうが乾燥し、使い物にならなくなるなどと教えてくださった。芸術作品としての塗り物ではなく、民衆のこころのこもった塗り物なのだと。

そして、テーブルに置いてあるコーヒーを、

「冷めていてもよろしければ、どうぞ！」

と勧めてくださり、私のバイクでの旅にも興味を示された。

「徳島からここまで、どのくらいかかりましたか？」

そう聞かれ、私は絶句した。


「徳島からここまで、何キロくらいですか？」

と改めて聞かれ、初めて距離について考えてみた。

そして、このとき、初めてメーターを活用することに気がついたのだった。メーターはきちんと付いているが、私にとっては距離よりも速度の目安でしかなかった。だから、購入するとき、走行距離が少ないなとは思ったが、自分がどれくらい走っているか、まったく気にならなかった。

そう言えば、夫はオイルを換える目安にもしていたし、娘もガソリンを入れる際にどれだけ走ったか気にしている風だった。

そうか、どこからどこまで走った、と言葉で言うことは簡単だけれど、寄り道をすると距離はまったく変わってしまうんだ……


おおよその距離を話し、これから神奈川を目指していることを伝えると、

「時間があるなら、水曜日に実演、講習会をしているので、ぜひ見学にいらっしゃい」

と熱心に誘ってくださった。

しかし、その日は月曜日。残念ながら、そこまでの余裕はない。もっとも、その周辺に親戚でもいれば話は変わるのだが。

次にお目にかかれる機会を楽しみに、今回は失礼することにした。最後に、

「根来寺に参拝されるのなら、私の作品が展示してありますから、ぜひ見てきてください」

と教えられ、民俗資料館をあとにした。


根来寺のおおよその由来を知った今、これほどまでにゆったりと構えている理由がわかった気がした。広い敷地に、来る者を拒まず、大きく両手を広げて迎え入れてくれる、そんなあたたかい寺なのだ。

今はもみじには少し早いが、桜の樹もたくさん植えられ、春もまた優しく迎えてくれそ

うだ。

私自身は、社寺仏閣にことさらの興味はないのだが、今回の旅は自分を見つめるいわばころの旅である。これほどまでに、あたたかい寺を素通りするには忍びない。

民俗資料館と駐車場の間にあるゆるい坂道を、私はゆっくりと上っていった。子供連れの若いご夫婦や、行楽シーズンのまだ強い日差しをさえぎる木々の緑に、ほっと一息つきながら散策している老夫婦。

家が近くなのか、身軽な服装で犬を連れた人も何人か見かけた。

小さく迂回して、本堂のある境内へと入っていった。

なぜか、この寺には、猫がたくさんいる。

拝観料を払って、見学してみることにした。

紅い毛氈の敷かれた回廊をひとりゆっくりと歩きながら、虚実入り混じった不思議な感覚を楽しんだ。

建物は、江戸時代に建て直されたものであるからさまざまな人生模様を見ているはず。その中に生活する修行僧や、事務関連の仕事をする女性は、今の世を生きている。

今も昔も変わらないだろう、穏やかなその顔の下の人間臭さを、何も言わずに包み込んできたこの建物に、私のこころも癒されるような気がした。
先ほどの彼の作品は確かに展示してあった。やわらかい朱色のつぼ。細かい刷毛目の美しい、けれども気取っていないぬくもりのある作品だった。正直に言えば、椀ひとつとっても、日常に使えるような値段ではなかった。それでも、私はいずれ、ひとつ、ふたつと揃えてみたい気になっていった。

現世に生きる私は、腹の虫の音に現実に引き戻された。見れば、お昼はとっくに過ぎている。
記念に祈禱済みのステッカーを購入し、根来寺をあとにした。家を出た私にも、夫婦和合を旨とするこの寺に、いつの日か、夫と共に訪れることがあるのかしら？　と複雑な思いを秘めながら。

根来寺の駐車場には、何店かの土産物を売る店があった。その中に、寿司やお餅などの看板もあったので覗いてはみたが、思うようなものが見つからない。昼食時を過ぎていたので、残り物か、土産物に見えるものが多く、あまり食欲をそそらないのだ。

それは、私にも原因があったと思う。

子供の頃から、健康優良児で過ごしてきた私は、気がつけば健康優良児の域を超え、肥満と呼ばれる範疇にいた。

活発で負けず嫌いな私は、男の子にも平気でくってかかっていたから、あだ名もかなりきついものが多かった。

短距離では、かなり良い成績を出していたが、その走り方がおかしいと、プリプリ怪獣などと呼ばれたこともある。

家族全員が、よく太っていた。

だから、太っていることがさほど気にならなかったのだと思う。

ダイエットなどという言葉もなく、少々運動したくらいでは余計に食欲が増していた頃のことだ。

四十代も半ばにさしかかろうかという一九九九年の夏、私は漠然と、長生きしたい、と思った。さまざまな経験が少しずつ私を変えていき、家族を幸せにしたいと思うようになり、とりわけ、夫を幸せにすることが私の幸せになる近道だ、と考えるようになっていた。

既に、父を肺がんで亡くし、その父が糖尿や肝硬変の予兆もあったと聞いてからは、自分の体を心配するようになってはいたが、それでもなかなか体重を落とせずにいた。

一九九九年八月、体重計は七九キロを指した。一五八センチの身長にこれだけの体重は、超のつく肥満。これには、さすがの私もびっくりし、長生きできないなとしみじみ思った。七九キロはほんの数時間だったけれど、なんとかしなければ……と思う気持ちはしっかりと根をおろした。

以前書店で立ち読みした〝イメージトレーニング〟をやり始めて数日後、食事の量が激減した。

寝る前に、気持ちをゆったりとさせ、呼吸を整えてから、自分に言い聞かせる。

「私は、体が必要とする量だけしか食べられない」

おもしろいように体重は減っていった。空腹感はない、それどころか苦しくて食べられないのだ。

九月、実家に帰って生活が変わってもそれは続き、とうとう七一キロに限りなく近くなっていた。食事が大切なことは充分に承知していたが、幾度もの献血の結果は、常に正常値を示している。私の問題は、体脂肪だ！ と認識し、まず溜まったものを処分し始めた、ということになるのだろう。

そんな食生活になっていたから、このバイクの旅に出ても素泊まりの宿をと考えていた。出されたものを残すことができない性格だから、それなら自分の食べられる量を用意したいと考えたのだ。

だから、空腹感は覚えたが食べたいものは特別になく、それならとバイクを走らせることにした。バイクもしっかりと空腹だと告げている。しかし、こちらも思うようにはスタンドが見つからない。

大阪街道を走ることにした。国道二四号線よりも山なりのこの道は、行き交う車も少なく、起伏に富んだとまでは言えないが緩やかなアップダウンも多く、なかなかながめが良い。

徳島では頻繁にＴＶコマーシャルでも『和歌山の柿』を宣伝していたが、至るところに鮮やかな柿が実っているのが見て取れた。

姑が先立ち、続いて舅も身罷《みまか》った夫の実家では、何年も取る人のいない柿の木が今年もたわわに実をつけていることだろうと思うと、無性に柿が食べたくなった。周辺に柿はたくさんあるけれど、人の影はほとんどない。

ここで、バイクを止めてお昼ご飯にしても、誰にも気づかれる心配はなさそうだなと笑いながら、まずスタンドに寄り、バイクに給油した。

この日の行動予定は、まず根来寺に行くこと。あとの予定はなし、だった。

一日にどのくらい走ることができるのか、それも知らない。だから、根来寺に参拝したあと、橋本くらいまでなら走れるかな、そんな気持ちでいた。

メーターがFULLを指すと、気持ちに余裕が出てくる。次は、私のおなかを満たしてやらなければ……

相変わらず、鮮やかな柿が　すこうし朽ちかけた緑の葉を覆い隠すように、たわわに実っている。

子供の頃、庭に柿の木があったが、登ったことは覚えていても食べたことはあまり記憶にない。まだ、若い木だったのだろうか。

結婚し、夫の実家には数種類の柿の木があり、富有、ひらたね、じろうなどの甘い柿や、すおう、あがりがきと姑が呼んでいた大き目の渋柿など、柿にもいろいろあることを知った。

その甘さを思い出しながら、食べ物を売っている店を探しつつタクトを走らせた。

打田町から粉河町にかかる頃、大和街道と呼ばれる国道二四号線に移った。

この頃、道端に柿の葉寿司、と書かれた幟《のぼり》を目にするようになった。

そうだよな、和歌山は柿の産地だもの、柿の葉寿司も美味しいんだろうな、と食指が動いた。

ところが、どこまでも食べ物には縁がないのか、交通量が多いのに反対側にしか店がない。

ここを横切るのは、面倒だな。柿の葉寿司はお預けだ……

そう思いなおも走っていると、土産物屋が目についた。果物が中心の産直店とでも言うのだろうか。

あわてて　タクトを止め、少しふらつきながら、ヘルメットを外した。

　ゆっくりと店の中を歩いてみた。かなり大きな店構えで、柿を中心にさまざまな果物が並んでいる。進物用の箱売りやざるに盛った果物が、所狭しと並んでいる。だが数が多い。


「柿が欲しいんですけど……」

笑顔の優しいお姉さんに声をかけた。彼女は当然のように、紙袋を広げながら、

「どれにしましょうか？」

と明るく聞いてきた。

「この六個の分なんだけど、こんなに要らないの。何とかならないかな……」

そう言うと、彼女はいぶかしげに私の顔を見た。

「旅の途中だし、ひとりで食べるから六個は要らないのよ。二個で充分なんだけど……」

重ねて言うと、ああ、とすぐに美味しそうな二個を選んで袋に入れてくれた。

代金を支払い、尋ねてみた。

「この柿、すぐ食べたいんだけど、洗えるところ、ありますか？」

「そこにありますよ」

指さすほうを見ると、確かに簡易流しがある。

「どうも、ありがとう！」

袋から大きなほうを取り出して、しっかり洗うと、人の目も気にせずかぶりついた。

思ったよりも柔らかだった。甘く、たっぷりの汁が、あごを伝い滴り落ちた。

「ふう、美味しい……」

思わず、ひとりごちた。

その姿を見て、また一台、車が入ってきた。

降りてきたご婦人は、羨ましそうに微笑んでいる。

私は、にっこり笑いかけ、またかぶりついた。しっかりと熟した甘い柿でおなかを満たすと、またタクトのエンジンをかけた。

今夜の宿は、橋本あたりかな、と出発前に決めていた。

「かさばらず、しかも内容濃く」で選んだ『マップルリング全日本道路地図』は、最低限の知識しか与えてくれない。

私の橋本のイメージは、数年前に、今は亡き舅が四国八十八ヶ所を巡り終え、結願と姑の供養のために高野山詣でをするというのに家族全員が同行した、そのときの通過地点でしかない。

和歌山線で橋本まで行き、南海高野線に乗り換えた、その記憶から多分賑やかな街だろうと考えていた。

ところが、橋本駅前に着いてみて驚いた。

何もない。ホテルもなければ旅館もない。

広い駅前広場には、交番と観光案内板が見えるだけ。

横目でおまわりさんを見ながら、タクトを止めると案内板に足を向けた。

私の他には誰の姿も見えない。

しばらくすると反対の方角から、同年代の女性が歩いてきた。そして、案内板の前まで来ると、確かめるように見つめている。

「橋本の方ですか？」

「いいえ、大阪の河内長野です」

「橋本って、何も見るものがないみたいですけど、ここが目的で来られたんですか？」

橋本に住んでいる方には申し訳ないが、そんな聞き方をした。

「ええ。あなたはどこからですか？」

「徳島から、バイクで走ってきました」

聞かれもしないのに、胸を張ってそう答えた。

「えっ、あのバイクですか？」

くるりとあたりを見渡して、大きな荷物をくくりつけたタクトに目をやりながら、聞いてきた。

感心した、というよりはこの人はどんな人なんだろう、といぶかしげに私を見ながら、

「中将姫って、ご存じですか？」

と聞いた。

「ええ、名前だけは知っています。中将湯、更年期の薬か何か、あれと同じですよね」

「そう、ここには中将姫の話が残っているんですよ。日本版白雪姫といったところかしら……」

そして、こんな話をしてくれた。


中将姫というのは、大きなお武家さんの娘さんだったのよ。彼女の不幸は、母親が亡くなり、新しい母親が来たときから始まるの。

継母は、中将姫の賢さや美しさを嫌い、家来に殺すように命じたのよ。家来は、何も知らない姫に、山に山菜を採りに行きましょうと誘い、この近くの山まで来たの。

ところがその道中で、家来は姫の素直さ、賢さ、優しさに触れ、姫を殺すことができなくなってしまったのよ。そして、みすぼらしい小さな庵を見つけるとこう言ったの。

「姫さま、私は母上の命によりあなたさまを亡きものにするために、ここまでお連れいたしました。

しかしながら、私には姫さまに手をかけることができません。お屋敷に帰られても、姫さまにはお辛いだけ、ならば、この庵でお暮らしいただくわけにはいきませぬか……」

しばらくは口も利けずにいた中将姫だったけど、

「わかりました。母上がそこまで私を嫌っておいでなら、ここで暮らすことにいたしましょう」

優しく微笑んで、姫はそう言ったの。

家来は泣きながら、姫の形見にと、ひと房の黒髪を切り取ると、後ろも見ずに里に下りて行ったんですって。

そして、姫の心根に打たれた家来は継母にいつわりの報告をしたあと、妻と共に姫の元に戻ってお世話をするんだけど、姫と妻を残して先立ってしまうのよ。

何年か後、狩りにやってきた懐かしい父親の声を聞くと、たまらなくなって姫は庵を飛び出し、娘であることを告げたの。

そうやって、一度は屋敷に戻った中将姫だったけれど、どうしても争いや諍いのない本当に平和な極楽浄土を願って念仏を唱えたいと、今度は當麻寺に行くことになるの。

「同じような話は、どこにでもあると思うけど、中将姫がすばらしいのはこのあとなのよ。あなた、當麻寺には行くんでしょ！」

彼女は、そう私に尋ねた。

祖母から聞いた中将姫の名が、私の中でとても親しく感じられた。

「ここまでお話を聞いたら、どうしても中将姫の偉業を確かめたいわね」

「そうよ、そうこなくっちゃ」

彼女は、他にも富田林市の寺内町がお薦めだと言い、寄ったら感想を書いて送るから、と住所を教えてもらい、案内板の前で別れた。

じっと見つめていると、案内板の中の山や谷を、走り回る姫の姿が見えるような気がした。

ふう、と大きく息を吐くと、気持ちを切り替えるように「よし！」と声にして、交番を目指した。

「こんにちは！　このあたりで今晩泊まりたいんですが、お薦めの宿なんてありませんか？」

あっけらかんと三人のおまわりさんの中で一番お偉いさんに見える一人を見つめて言った。

「あんた、あのバイクの人だよね。どこから来たの？」

「四国の徳島からです」

「どこまで行くの？」

「決めてはいないんですが、実家が神奈川なので一応、そこを目指していますけど……」

「ふうん、今時のおんなの人は元気だね……」

と言うと、三人で宿の検討に入った。

「竹屋はどうだろう、ここから近いし……」

そこに落ち着くとすぐさま電話をかけ、素泊まりで四千九百円という金額を知らせてくれた。

そんなものかな、と思いながらしっかりと場所を聞くと交番をあとにした。


駅前の交番で教えてもらった竹屋旅館は、駅の真正面にあった。

さっき、私はその前を左折して、橋本駅前まで行ったのだが、それとは気づかなかった。思いがけなかったので左折し、少し行き過ぎてからタクトを止め、竹屋旅館をじっと見つめた。

素泊まりの宿泊代とその佇まいを検討した結果、私はおまわりさんの厚意を受けることをやめた。

こころの中で竹屋さんにもお詫びを言い、私はタクトをまた走らせた。

四時、まだ日は高い。地図で確認すると當麻寺に行くためには、このまま五條まで走り大和高田に行けばいい。

案内板の前での会話で知った富田林の寺内町に行くには、御所の手前で三〇九号線に乗れば良い。どちらにしても五條だな、と決めるとエンジンをふかした。

原付のバイクでは三〇キロが制限速度と決められている。友人にも、原付だとすぐにスピード違反で捕まるよ、と聞いていた。けれども、白バイの警官が交差点でじっと見つめているところに何回か出くわしたけれど、まだ、声をかけられたことがない。

怖いもの知らずの割に、小心者だからそれらしき時にはスピードを落としていることも幸いしているのだろう。

とにかく、声をかけられるとふところがさびしくなる。気にしながら、でもそれなりのスピードで走って行った。

五條の、そして次に御所の案内があり、気がつくと大和高田に着いてしまっていた。かなり、日は西に傾いている。

繁華街を過ぎて、少し郊外のスーパーに立ち寄った。

まっすぐに公衆電話のコーナーに行くと、タウンページを手に取った。まずビジネスホテルを調べ、次に公共宿舎を調べた。

ユースホステル、国民宿舎などの他に、経済会館という文字が目に入った。

ユースや国民宿舎はかなり安いと言われているが、街中にはあまりなく、この時間から探すには無理がある。

経済会館に電話をしてみた。

素泊まりで四千八百円、市役所の前にある、と言われた。


今来た道を少し戻ると、目指す経済会館はすぐに見つかった。

結婚式場なども兼ねているようで、かなり大きな建物だが見た目は古かった。

ちょうど、同窓会かクラス会が終わったところらしい。

私よりも少し若い年代の人たちが楽しそうに笑い、肩を叩き合いながら出てくる。

私の前の車は、クラクションを鳴らしているが、それに動じる風もなく二次会の約束をし、また名残惜しそうに握手をしている人たち……


来年の夏、こんな光景が私の周りで繰り広げられるんだな、と思うとわくわくしてきた。

そう、二〇〇〇年の夏、中学の同期の仲間で同窓会を開くのだ。まだ、何も決まってはいないが必ず実現させたいと思っている。

私の人生の中で、今も一番輝いているあの三年間。新設校で校舎も満足なものには上級生が入り、私たちはベトナムの兵舎みたいと呼ぶ人もいるバラックの建物で学習していた。

制服が決まり、校章を決め、体育祭は石ころを拾うことから始め、あまりの土埃に前日は広い運動場にホースで水を撒いたことも思い出される。

もう、三十年も会っていない友人が、どんな人生を送ってきたのか、どんな思い出を持っているのか……

仲間に会える、そう思うだけで涙がにじむほどの喜びを感じる。

やっと、人の波も途切れ駐車場に入ることができた。

玄関には、結婚式の立て看板が掲げられ、フロントでは明日の確認に忙しい人の姿も見ることができた。記帳を済ませる頃には、明日の花嫁の友人だろうか、数人私の後ろで待っていた。

前日フェリー乗り場で涙の別れをした娘も、いつの日か嫁いで行くんだな、その日私はどこにいるんだろうと思うと、哀しみと重い荷物にふらつきながら部屋へと歩いていった。

大きな荷物を置き、深呼吸をした。

八畳はある広い、しかも藺草《いぐさ》の香りも新鮮なきれいな部屋だった。

窓からの景色はすばらしいとは言えないけれど、見晴らしのいい気持ちの良い部屋で、買ってきた見切りのスーパーの弁当を食べることにした私は、さっき見かけた自動販売機へと向かった。

十月十日　支出合計　　　八千三百四十八円

内訳

鍵、ゴムロープ	千二百八十円
根来寺拝観料	五百円
お賽銭	百円
ステッカー	三百円
ガソリン代	二百九十八円
柿　二個	百円
夕食、朝食代	七百三十円
ビール	二百四十円
宿泊費	四千八百円

†おんなとして生まれて／當麻寺・室生寺　（津　泊）

一日の始まりを六時起床と決めたので、深夜二時近くの就寝では少し起きるのが辛かったが、それでも自分のペースは乱したくなかった。

軽く運動をし、柿とヨーグルト二個を平らげ、出かける準備をした。体調は万全だ。九時半出発も、自分との取り決めのひとつ。


フロントに行き、當麻寺への道順を尋ねた。

昨夜とは別の男性が、無愛想に簡単な地図を描き始めた。

「歩きですか？　車ですか？」

「いいえ、バイク。ミニバイクです」

と答えると、少し黙ったそのあとで、

「無茶するなあ……」

と言った。そんなこと、言われなくてもわかっている！　と思いつつも、

「無茶なんかしていませんよ。昨日だって、和歌山市駅前から走ってきたけど、ずっと安全運転で怖いことなんかなかったもの」

ぼそぼそっと答えた。

「鼻も歯の裏も真っ黒でしょう?!」

地図を描きながら、上目遣いに私を見るとそう言った。

私は何のことかさっぱりわからなかった。

「体にいいことないですよ」

そう言い、地図の説明をしてくれたあと、なおも彼は言った。

「和歌山の人はどうか知らないけど、このあたりではミニバイクの人に対して注意をしない人が多いから、右折・左折のときは特に注意をするんですよ！」


ああそうか、私はやっと気がついた。物言いがぶっきらぼうだったので、てっきり非難されている、と早合点していた。

彼にとって、私は姉にあたる年齢かもしれない。もし、姉がいるとすれば私と同じような無茶な性格なのかもしれない。

心配しての言葉だと、ようやく気がついた。
「ありがとう！　充分注意して走ります」
そう言って笑顔を向けると、やっとフロントマンの顔もほころんだ。

彼の地図は、とてもわかりやすかった。それでも一本早く右折して、わざわざ面倒な道を走ったけれど、左手にふたつ塔が見えてくるとあれが當麻寺だな、とすぐにわかった。駐車場に人影はなく、『料金は五百円です』という札と箱が置いてある。私はミニバイクだから……と言い訳をしながら百円入れると、参道へと向かった。

當麻寺も由緒ある寺で、平安時代は興福寺の末寺として建立されていたが、平家により金堂も講堂も大破、焼失してしまう。その後、源頼朝が再興し、八二三年に空海参籠により真言宗、浄土宗が興ると當麻曼荼羅を中心とする浄土信仰の霊場となり、現在は両宗併立となっているそうだ。

途中目についた東西の塔は国宝に指定され、遠目にはゆったりとした空間と落ち着きのある建物が印象的であった。

ただ、どの入り口にも椅子に座った係員がいて、出入りの人をチェックしている。興ざめする思いがした。

私は、中将姫が修行したと言われている中之坊を覗いてみることにした。

當麻寺は、実際には少しまとまりに欠けるような、そんな印象の寺だ。広さと配置、建物の新旧が私にはバランス悪く感じられる。

木の香もまだ新しい山門の中之坊は、正式には「高野山真言宗別格本山當麻寺　中之坊」という。一歩足を踏み入れると、中はちんまりとした造りの、年代を感じさせる建物であったが、山門同様、あちこちに手を加えた様子が窺え、ゆっくりと敷石を踏み締めながら中将姫が修行をした時代にタイムスリップしたい、と思うのだが、なかなかうまくいかない。

當麻寺唯一の史跡および名勝庭園に指定されている香藕園《こうぐうえん》は、季節の変わり目で杜鵑草《ほととぎす》、紫式部、芙蓉が目を引く程度。紅葉にはまだ早く、百日紅ももう実の季節になっている。それでも、春になると百花繚乱というにふさわしく、次から次へと咲き競うことは間違いない。その頃にもう一度訪れたら、すばらしさを実感できるのだろうなと思った。

中之坊には、庭園のみならず、見ておきたいものがたくさんある。

書院の天井は、明治・大正・昭和の代表的な日本画家たちがひとり一枚ずつ奉納した、九十五枚にものぼる花鳥風月の板絵で飾られているし、新しく建てられた宝物殿には中将姫が剃髪した自分の髪で刺したといわれる梵字の軸が二本ある。これらは信じられないほどの精巧さだった。

本堂の脇には、二十九歳で現し身《うつみ》のまま極楽往生されたと言われる中将姫——法如の像がある。私には、可憐な乙女の像に見えた。

この、中之坊でお抹茶をいただき、姫が作っていたといわれる陀羅尼助《だらにすけ》について話を聞いた。

この陀羅尼助、庫裏の台所の大釜で、キハダの生皮を煮て作られていたもので、実際に中将姫が使っていたとされる大釜が、今でもどんと構えている。

陀羅尼助は苦味健胃薬で、その昔僧侶が梵語の陀羅尼を誦するとき、眠気除けに口に含んだことから、この名が付いたという。

小田原の外郎《ういろう》に似たものかな、などと考えながら、

「おひとつ、いかがですか?」

との誘いに、

「胃だけは丈夫なんですよ」

とご辞退申し上げた。

もう、お昼に近かったが、お抹茶と柿の和菓子で小腹の張った私は、いよいよ室生寺を目指すことにした。駐車場のすぐ脇に、おあつらえ向きに公衆電話がある。今夜の予約こそ早めに入れておこう、と考えた私は電話帳を手にした。

その中の一軒に電話を入れると、

「おひとりですか？」

と聞かれた。

「はい、おんなひとりなんですが、よろしいでしょうか？」

「いやあ、いけないことはないんですがね、うちがどんなところかご存じですか？」

電話の向こうで、戸惑いがちにその女性は聞いてきた。

「え〜、室生ロッジと書いてあるんですよね、タウンページには……」

「そう、でもね、ラブホテルなんですよ。ここにおひとりじゃあ、もったいないなと思ってね。ひとりでも料金は一緒ですから……」

う〜ん、今から道連れを探すわけにもいかないし……

「ごめんなさい、間違えちゃったのね」

ラブホならそうと書いといてよね、そうつぶやきながらまた、行き当たりばったりにすることにした。

當麻寺を出ると、フロントの男性が教えてくれたはずの道を取って返した。途中の交差点で赤信号のために止まると、スーッと私の脇に大型のバイクが止まった。見ると、大阪のナンバープレートを付けている。

私ほどではないにしろ、荷台に荷物を載せている。ああ、同友だな、とひとりごち、見るともなしに見ていると、彼はヘルメットの風防を上げ、にこやかに笑った。年の頃、三十過ぎのおとなしげな男性だった。

「大和高田に行くには、この道でいいんですか？」

おいおい、そんなこと、私に聞くか！

思わず、言葉にしそうになったが、そこは夕べの宿泊地、

「ハイ、そうですよ。まっすぐに行くと、大和高田に入ります」

「ありがとう！」

「いいえ、お気をつけて……」

信号が変わり、彼は私よりも先に飛び出していった。

どうしてかなあ、と私は苦笑した。

不思議なことに、旅先で道を聞かれることが何度かある。

荷台の荷物を見れば、私がどういう立場にいるか、わかりそうなものなのに……

しばらく行くと、先ほどの男性がバイクを止めていた。

あれ？

「どうしました？」

私もバイクを少し先に止めて、そう聞くと、

「あ、さっきはありがとうございました。もう、大丈夫です。友人に連絡を取ったところなので……」

「そうですか、良かったですね。それじゃあ」

おばさんになると、ついつい、若い人の心配をしてしまうものらしい。

このあたりまで来ると、名所旧跡に不自由（？）しない。道を間違えて走っても、必ず名所に辿り着く、そんなことに感心しながら、私はただただ、室生寺へと走って行った。

桜井を過ぎ、山道になった一六五号を走っていると、荷台に黄色いコンテナを縛りつけたおじいさんが私を抜いていった。ナンバープレートには、大和高田とある。

走っていて思ったことなのだが、バイクに遭うことは本当に少ない。

フロントマンが言っていたことは、こういうことだったのかもしれない。

バイクで走る人との接触が少ないから、こちらの人は気がつかないことが多いんだよ、と。

だから、自分で気をつけるしかないんだよ、そう言いたかったのかもしれない。


このおじいさん、私を抜いて行ったのに、気がつくと道の傍らにバイクを止め、地図とにらめっこしている。

そして、私に声をかけてきた。

「長谷寺に行くには、この道でいいんかのう？」

ちょっと待ってよ。さっきの大和高田は、夕べの宿泊地だから答えられたけれど、長谷寺？　そんなとこ、知らないよ……

「私は、室生寺に行こうと思って走っているんだけどなあ……」

そう言っても、おじいさんは、長谷寺は？　と繰り返している。

参ったなあ……

そうつぶやきながら、ぐるりと周囲を見渡すと、立て看板に気がついた。

『長谷寺　直進六キロ』とある。

「おじさん、大丈夫よ。このまま走って行けば、長谷寺に着くよ！」

大きな声で、私は叫んだ。

「本当かい？」

おじいさんは、半信半疑のまま私を見た。

「ほら、そこに看板があるじゃない！」

得意げにそう言うと、やっとおじいさんも納得したようだ。

「ところで、長谷寺ってどんなところなの？」

「そうだなあ、大きな寺なんだけど、全国に長谷寺というのがたくさんあるだろう⁈」

そこまで聞いたとき、信号が変わりかけた。

「全国の長谷寺の、親分さんみたいなものなんだね」

「う～ん、どういうか……」

おじいさんは、悩んでしまったが、

「じゃあ、先に行くね！」

と声をかけ、私はアクセルをふかした。

心の中では、悩ましてしまったな、ごめんね、と言いながらどんどんスピードを上げていった。長谷寺の案内はあっても、室生寺の案内はまだ、見えない。

　途中の分かれ道を、バイクを止めて確認しながら走って行った。いつしか坂道が終わり、のどかな田園風景が途切れる頃、長谷寺の案内が急に増えた。左手に、細長い参道が見えた。

おじいさんの言っていた長谷寺だな……寄ってみようかな、と思う頃には、もう通り過ぎていた。

なんだかなぁ……

いつか寄るかもしれないよ、そう言い置いて先を急いだ。


　十代最後の年、ひとりで室生寺に出かけたときは夜行の急行『銀河』に乗り、電車を乗り継ぎ、バスに乗り換え、そして歩いたので、どんな場所だったか、ということはおぼろげながら覚えていても、道路までは知る由もなかった。だから、何回も地図で確認しながら走って行った。

　日本の田舎なら、どこにでもあるような田園風景。

幹線道路を右折または左折して細い道路を少し走ると、大きな構えの家があり、庭にはたわわに実った柿の木が見える。ピラカンサスも赤やオレンジの実をつけ、子供の頃には見られなかったハイカラな果樹を見つけることもある。

ここも、若い人は都会に出て、お年寄りばかりになっているのかな、そんなことも考えながらなおも走って行くと、坂道を二台のバイクが駆け下りてきた。

私のミニバイクとは違う、立派なバイクだった。

先を走る黒いバイクには、五十代後半に見える男性が乗っており、次の赤いバイクには、同じような年齢のご婦人が乗っていた。

きっと、ご夫婦だろう。思わず、ブレーキをかけ、

「すごーい‼」

と、叫んでしまった。

私がタクトで出かけると言ったとき、ほとんどの人は『危ないよ！』と言った。

それは、ミニバイクであること、私がおばさんであること、なども大いに関係しているだろうが、バイクで走るということが、若者の暴走行為と結びつくからではないだろうか。

若者ならいざ知らず、と言うと偏見になるのだが、私はそのおふたりを見たとき、心の底からうらやましい、と思った。

私の人生の中で、夫と同じ行動を取るときはほとんどの場合、彼の希望だった。私がしたいことをふたりでするのではなく、夫のしたいことをふたりでしていた。だから、旅に出ても私が見たい博物館には入らず、夫の仕事でもあった、スーパーの品揃えを確かめていたような旅だった。

常に私は思っていた。

「いつか、ひとりで来れば満喫できる。見たいものをゆっくりと見て、食べたいものをたっぷり食べて……」

だから、このツーリングカップルも、男性の希望で始めたことかもしれない。でもなぜか、私はふたりが共にあのバイクで風と一緒になる爽快感を、存分に堪能しているだろうと思った。

子供さんがいたらきっと心配するだろうけれど、それでもふたりで色違いのバイクで走っている、その姿にまぶたが熱くなった。

旅に出ると誰でも詩人になるそうだ。

私はその例に漏れてしまったが、今回の旅のいきさつを考えると、夫婦というもの、家族というもの、そして自分自身の生き方というものを、ずっと考え続けていたと思う。


なぜ、私は普通の生き方ができないのだろう……

その疑問は、ずっとついて回っている。

おんなとして生まれ、ひとりの男を愛し、愛され、三人の子もなしたのに、その輪の中から飛び出すようなことを、なぜしてしまったのだろう。

どうして、こんな生き方しかできないのだろう……

私の生き方の、どこが間違っていたのだろう。

考え始めると苦しくなる疑問の山に見切りをつけるかのように、私は大きな声で歌い始めた。

♪　今はこんなに悲しくて　涙も枯れ果てて……

そう、中島みゆきさんの『時代』。

私自身の応援歌。

どんなに苦しくても、さびしくてもいつか笑って思い出せる日が来るさ、と自分に言い聞かせ、アクセルをふかした。


根来塗の彼の言葉で、走行距離を記録しなくてはと気がついたので、朝走り始める前に手帳には昨日までの走行距離を書き留めてあった。

一日に一回の給油で済んでいる。

この、室生寺までの道中だが、どんどん山奥に入って行くのが少し気になった。


最近は、日曜日でも祝日でもスタンドは開いている。一時の、自粛（?）はどこへ行ったのか、三リットルとちょっとしか入らないタンクでは、本当にありがたい昨今のスタンド事情だ。

ところが、だんだんと山が深くなっていくに連れ、ガソリンのメーターがまた赤の給油に近くなってきている。

前日の不安がまた、私の頭をよぎったが、満タンにしても三百円ちょっとなのに、百円分とか、一リットルだけ……と給油をすることはこっけいに思えた。

だから、もしスタンドがなければ押せばいいさ、と自分に言い聞かせ、そのまま走り続けた。

国道一六五号を大野で右折し、いよいよ室生寺が近づいてきた。

しかし、道は舗装中で、あちこちに穴が開き、私の横を通り過ぎる乗用車は容赦なく土埃を立てて行く。

好天が災いした格好だが、雨のあとはでこぼこの穴でまた大変だろう。


「少しは遠慮して走ってよね……」

がたがたと土埃を上げて走り過ぎる車に、聞こえない文句を言いながら走って行った。

しばらくすると、舗装されたきれいな道路になり、杉の木立ちが陰を作っている。

やれやれ、となおもタクトを進めて行くと前方に見えてきたのは『室生ロッジ』の大きな看板。

そう、當麻寺の前で、今夜の宿にと電話をしたラブホテル。

思わず、笑ってしまった。

「ロッジの正体はこれだったんだ！」

他にも、二、三軒同様の宿泊（？）施設がある。

こんな山深いところに？　と不思議な感じがしたが、カップルでドライブし、室生の里に来てひと休み、というなら静かで景色も良くていいのかもしれない。

「あった！」

ガソリンスタンドが目についた。

でも、様子がおかしい。ああ、つぶれているんだ。

もう少し走ると、もう一軒のスタンドが見えてきた。こちらには綱が張ってある。

どうやら、今日はお休みらしい。

「あー、ダメか。でもまだ大丈夫！」

とうとう室生寺の参道を走り抜け、大きな駐車場に着いた。

きれいな店が立ち並び、そこここで客引きの声がする中、私は一番奥の駐車場にタクトを止め、すぐ脇の土産物屋に入った。

ここで、駐車料金を支払うことになっているようだ。

「ミニバイクなんですけど、いくらお支払いすれば……」

「そうね、二百円ももらっとこうか」

笑顔の人なつっこいおじさんが、そう言って笑った。

土産物屋のほかにも、山菜料理を中心の料理屋さんとか、旅館も数多くある。

なんだ、こんなことならあらかじめ電話で宿を、なんてこと必要なかったな、と苦笑した。

しかし、PHSを取り出してみると、ここは圏外になっている。

そうだよね、夫の実家も徳島市内の住所にはなっているけれど、山深いところだから、アンテナは携帯の一社しか使えない。ここも、同様な場所だから……

室生で宿が取れなかったことを、ここに来て感謝した。


橋を渡って境内へと進んだ。

私の記憶の中には、ひなびた店と五重塔以外は何もない。

参拝券を買おうとして声をかけられた。

「五重塔は、ビニールシートで覆われていて拝観できませんが、よろしいですか?」

そう、室生寺の五重塔は、一九九八年の台風の折、枯れた老大杉にもたれかかられ、見るも無残な姿になってしまったのだ。

そこに、五重塔がある事実を確認できればそれで良かった私は、もちろん参拝者のひとりとなった。

目指す五重塔へとこころははやったが、それでも思い出のあの頃を確認するかのように、ゆっくりと歩を進めた。

空は抜けるような青空。

数枚のおませなもみじ葉が、一足先に紅をつけている。

室生寺は、天平末から平安初期にかけて、龍神を主として仏事を行う神宮寺として興福寺の僧・賢璟《けんけい》によって創設された。

その後、天台宗をも営む英才・修円によって寺院の体裁を整え、密教の道場となり、中世の頃、空海——弘法大師の真言密教の道場となっている。

江戸時代に興福寺との縁が切れ、五代将軍綱吉の生母・桂昌院の功績により、護国寺の支配下に属したそうだ。

思い出の階段の上に、それらしきものを見つけた。

案内所の婦人の話の通り、すっぽりと青や白のビニールシートに覆われた五重塔らしきものがあった。

思い出の美しい塔に重ねて見ていると、ざわざわと周りの木々が風に揺れた。

まるで私の訪問を懐かしむかのように……

見なければ良かった……

そんな気持ちが湧いてくるのを待ったが、それはない。

たとえれば、初恋の人が思いがけない苦難に遭って見る影もない姿になってしまった、そんな切ない思いだったが、しっかりと自分の足で立っているのを確認し、塔が私にも、もう一度、やり直してみようよね、と励ましの声をかけている、そんな感覚に陥った。

室生寺は、この五重塔のみならず、老朽化した建物を再建しようと努力している。記念の、というより恨みの杉板を大小並べて売っていた。再建の費用になるという。一枚買って、一日も早い、修復を願った。

室生寺は唯一、ひとりで行った寺である。

結婚してからは当然ながら、独身のときも夫と付き合いが始まってからは、ひとりで旅をしたことなど皆無に等しい。

焼き物の里、社寺仏閣、テーマパークなどなど、数え切れないほど旅には出ているが、そういった意味で、室生寺は私にとって特別な寺なのだと思っている。

ああ、そうだった。

何も知らない十代の私は彼によってさまざまなことを、たくさんの興味深い世界があることを教えてもらっていたのだ。

女人高野と言われる室生寺に行きたい、と思ったのは、何かの雑誌のグラビアがきっかけだった。

うっそうとした杉並木の石段の上に美しい五重塔があり、その周りに淡いピンクの石楠花《しゃくなげ》が咲いている、そんな写真を見てからだった。

調べてみると、冬、石段の上にも五重塔の上にも真っ白い雪が積もった写真もあった。

もちろん、五重塔にもたれかかった杉の木も、雪で覆われている。

静寂と神秘の入り混じった、心が洗われるような光景だった。

だから、銀河に乗り、京都での彼との待ち合わせの時間までに、ぎりぎりだけれど行くことができる、とわかったとき、どうしても行かなくては……という気持ちになったのだ。

結局、五重塔を見た安心感と若さゆえの睡魔に襲われ、私は乗り換えの列車に飛び乗れず、約束の時間をかなりオーバーして、京都駅に到着した。

十年前の夫なら、怒って口もきいてくれないどころか、帰り着くまで叱責が続くだろうけど、あのときの「恋人の彼」は無事に着いた私をしっかりと抱きしめ、ホッとした様子だった、と思い出す。

残り少ないガソリンを気にしつつ、来た道を一六五号線へと走った。

幸いにも、国道に出てすぐのところに、ガソリンスタンドがあった。

「すっごいラッキー！　私、神さまに見守られているのかもしれない……」

そんなひとり言を言いつつ、タンクを満タンにし、軽快にタクトのエンジンをかけた。


時代の趨勢には逆らえない。

昔の室生寺とは違った、便利で快適な旅がここにはある。

国道一六五号線は、狭く、お世辞にも走りやすい道とは言えない。

けれど、近鉄のきれいな電車が何度も私と行き交うのを、音と風とで感じていると、本当に時代の流れを感じる。


徳島、私が生きたどの地よりも長く暮らした土地。

これから行こうとする小田原もまた、私が知っているようでまったく知らない、新しい世界なのかもしれない。

娘と共有のパソコンで、eメールを始めたのが九九年春のこと。支払いのことを考えて、あえて娘とは別のプロバイダーを選んだのだが、請求書を手にしたとき私が間違っていたことを実感した。

そこで、娘と同じプロバイダーに変更しようとしたのだが、命名事の苦手な私は、すっかり悩んでしまった。

文字数の制限もあり、仕方なく和英辞書を手に取った。

二回目なんだよね。だから、二番、二回、などと〝二〟に関する言葉を探しているうちに、rehashという単語に目を奪われた。

二番煎じ、焼き直し、作り直し。あ、これいいじゃない！　と単純に喜んだ。

タクトに乗り、難しいことは何も考えず、頭の中を空っぽにして走っていると、いろんなことが見えてくる。

ふっと、ｒｅｈａｓｈに思いを巡らせたとき、ああ、これだったんだ、と気がついた。まさに、出直し、やり直しの人生を歩んでいる。

九九年の春、いやアドレスを変えた初夏にだって、今こんなことをしていようとは露ほども考えなかった。けれど、その時点で、私は人生というレールのポイントを、しっかりと自分の手で切り替えたのだ。何も考えず、ただ単純に決めたメールアドレスだけが、私の人生の転機をそっと見守っていたのだろう。

何を見ても、何を聞いても幸せだと感じた九九年九月。

たった一週間ほどの間に、私の人生はすっかり変わってしまった。

専門学校に行っていた長男の引っ越しのために上京する途中の、見知らぬ婦人との「青春十八切符」の道中で、飛び込み自殺に遭遇したこと、長男のアパートの契約もスムーズにいき、必要な家具や電化製品も一通り揃ったこと。

私と別のグループが同時に中学校の同窓会を開催しようと考え、心ならずも揉めてしまったが、私の上京に合わせて幹事会を開いてくれ、思いがけず友人たちの優しいこころに触れたこと。

メール友達の気安さ、心遣いに感謝し、三十数年来の幼馴染とは時間を気にせず、昔話から人生についてまでこころおきなく話したし、何よりも、不仲だ、嫌い合っていると思い込んでいた母にもっと愛されていると実感したかったの、と涙で訴え、母の気持ちを改めて知ったこと。

何をとっても思いがけなく、まるで夢の中を彷徨っているようだった。


そんなワクワクした気持ちを大事に抱え徳島に戻った私は、さびしさ、孤独といったものをまざまざと感じさせられたのだ。

誰も私の話を聞こうとしない。

子供はもとより夫まで、母や長男のことにまったく興味を示さず、私は異様な感覚に襲われた。

「どうして、気にならないの?」

一度は夫にそう尋ねた。

「上手くいったんだろ?　それ以上に何を知ることがある?」

「お袋さんは元気だったか?　くらい、聞いてもいいんじゃない?」

「元気なんだろ?　問題があればお前が真っ先に言うじゃないか!」

愕然とした。


一方で、妻として母としての努めをお休みして、思いっきり楽しい時間を過ごした。そのことが、みんなは仕事や学校に行っているのに、私だけが楽しい思いをしたのは間違っていたのかもしれない、という罪悪感になって私を責め始めた。


家族として二十年以上も一緒に暮らしている。それなのに、このさびしさは何だろう。

この罪悪感は、どうしてなんだろう。

私は、それほど悪いことをしたのだろうか。


家族といても、話も聞いてもらえないさびしさの中にいるのなら、いっそひとりになったほうが誰を恨むこともなく、幸せに生きられるのではないか。

そんなことを思うようになった。

そして、それは態度にも出てしまった。

いろんな下地はできていたのだと思う。

アドレスも、幸せな経験もすべてはきっかけにすぎない。

そうだったんだ……

私はこうやって　生きていくしか仕方がないんだなぁ。
もやもやとした霧が晴れ、こころがすっきりしたように感じられた。
前途多難な人生だけれど、これが私の生きる道、なんだ。

♪　今はこんなに悲しくて　涙も枯れ果てて……

また、大きな声で歌い始めた。
青い空に刷毛で流したような白い雲。
風は爽やかに私の頬をなで、私のこころは、この風のようにすっきりと軽い。

近鉄大阪線とほぼ並行して走る一六五号をしばらく走ると『道の駅』が目についた。
まだ、新しい建物。

四国でも、至るところにこの『道の駅』が作られ　地域の案内やトイレ、名産などの紹介があり、近くに住んでいても再発見することが少なくない。

駅の名は忘れてしまったが、入り口には、室生寺の五重塔にもたれかかった大杉が、輪切りにされて展示してあった。


なるほど、中心はしっかりと空洞になり、新聞・雑誌などで見た、骨粗しょう症の写真を思わせる。

「これでは、強い風で倒れても不思議はないよね、あなたもかわいそうに……」

そんなことをぶつぶつとつぶやきながら、レストランを覗き、土産物を冷やかして歩いた。

ふところ具合と食べたいものを検討してみるのだが、どうも思うようなものがない。

ああ、そうだ。パンが残ってた。

せっかく旅に出ているのに、この感覚はなんだろう……

洗面所で手を洗うと、意気揚揚と建物の外に出た。

広い駐車場の一隅には、テントが張られ近在の特産品などを販売している。

自販機でジュースを買うと、遅めの昼食となったパンの袋を開けた。

あんなに行きたいと思った室生寺にも、ほんの短い時間しか滞在しなかった。

これからは、見たいところも行きたいところも取り立ててないのに……

　どうしようかな。

名張で泊まろうかと思っていたが、それでは時間が早すぎる。

パンとジュースの簡単な食事が済むと、地図を引っ張り出した。


「失敗したよね、もっと詳しいものにすれば良かった」

地図を見るたびにそう思うが、これもまた後悔してもせんないこと。

久居くらいなら行けるかな？　と考えた。

　バイク専用の駐車場、さすがに何台もバイクが止めてあるが原付などという可愛らしいものは一台もない。

「おばちゃん、すっご〜い！」

などと、一人で気炎を上げ、軽いエンジン音を響かせた。

　途中、赤目四十八滝の案内があった。どんどん、山の中に入って行く。

徳島でも山奥でなければ走れないような、樹木が覆い被さるようにも感じる一六五号線をなおも行くと、伊賀上野への案内があり、開けてきたな、と思ったらメナードの青山リゾートの案内になった。

伊賀上野は、十数年前に出かけたことがある。忍者屋敷で楽しい時を過ごし、お城の前のお蕎麦屋さんで美味しいお蕎麦をいただいた。

紅葉の美しい時期で、伊賀上野城では公孫樹《いちょう》の落ち葉がまるで金色の絨緞のように広がっていた。三つ違いの娘とはしゃぎまわっていた二歳の長男が、その中に、記念に刻印したメダルを落としたという。

あら大変と、皆で手分けして金色の絨緞を蹴散らしたが、見つかるはずもない。そんな楽しかった思い出が、ふうっと私の脳裏をよぎった。あの頃は、文句なしに楽しかったな、と思う。

久居の町に入り、どこにでもある大手のスーパーマーケットにタクトを進め、ここでも電話のコーナーに行き今夜の宿を調べた。

久居の町には思うようなものがない。

二三号線に乗り、津まで行くと国民宿舎がある。よし、そこまで行くとするか！

あたりは、早くも闇が支配しようとしているが、今夜の宿は、国民宿舎・御殿場荘と決まった。

電話で教えられた道を行くと、だんだんと松並木のある、まるで海水浴場のような場所に出た。

え〜っ、と思いながらも、大きな荷物を肩にかけ、フロントへと向かった。

確かに、国民宿舎・御殿場荘。


電話の予約の際に、食事のことを聞かれた。

今ならまだ間に合う、というニュアンスだったが、一泊二食付きにしなければというイメージが強かったので、それで予約を入れてあった。

案内されたのは、二階の一番奥の部屋。

古めかしい建物ながら、部屋はこざっぱりとして気持ちがいい。

大きな窓からは、海が見えた。

何も遮るもののない、ひろくてゆったりとした夕暮れのあとの静かな海。

飽きることなく、寄せては返す波を、しばらく見つめていた。


日々の暮らしは、この波のようなものなんだ、優しく撫でるようなときもあれば、脅すような強いときもある。

決断を迫るように覆い被さるときもあれば、じっと静かに待っているときもある……

ふう、とひとつ、大きく息を吐くと、食堂に行った。

先客は、十数人全員が男性。

二つのグループになり、老いも若きも大きな声で愉しそうにお喋りしながら、食事を楽しんでいる。ビールが入って、赤い顔の御仁も見受けられた。

私が入っていくと、ほんの少し声が小さくなったが、それでもお喋りは続いている。

鍋にてんぷら、お刺身に酢の物、澄まし汁。そして香の物。

取り立てて、珍しいものはないけれど、おばちゃんの優しい笑顔と共に、とてもご馳走に思えた。

男性陣が、ごちそうさま！　と大きな声をかけたあと出て行ったので、おばちゃんに聞いてみた。

「あの人たちは旅行者ではないですよね？」

「ああ、あの人らぁは仕事で来とられるんですよ」

だから、橋がどうの、資材がどうの、と聞こえたんだ。

生来、食べ物を残すことができない私は、久々におなかがはちきれるかと思うほど食べた。

少し、おなかがこなれた頃、お風呂に行った。ここは、夏の海水浴客が多いようで、シャワーの設備のほうがしっかりしているように思える。久々の体重測定を期待していたが、脱衣場にはヘルスメーターが見当たらない。

そんな～楽しみにしていたのに……

それほど遅い時間ではなかったが、お湯の温度もかなり低い。

そうか、男の客ばかりだと思って、経費削減を考えているんだな。そんな風に事態を受け止めると、早めに部屋に戻った。

さあ、これからどうしよう。地図を開いてみると、随分遠くに来たことが見て取れた。いくらくびれた場所だと言っても、紀伊半島を横断したことになる。

これからの予定に、各務原のおじの家は入っているけれど、どの道を通って行こう……どこをどう走ろうと、誰にも文句は言われないが、その時々の感動を分かち合える仲間のいないことが、少しさびしい。

津まで来ると、各務原はすぐそばのように思える。しかし、ここまで来てお伊勢参りもせずに先を急ぐことにも、遺恨が残りそう……

そうだ、あの人に聞いてみよう！

中学時代の友人が、伊勢神宮の前に店を出している、と夏の帰省で幼馴染から聞いていた。特別親しかったわけではないけれど、ここまで来たんだもの、声を聞いたって問題はないでしょう。時間を見ると、電話をかけるにはもう遅い。

明日にしよう。私は、糊のきいたシーツとかけっぱなしのカバーのかかった掛け布団の間にもぐり込んだ。

十月十一日　支出合計　八千八百八十七円

内訳　當麻寺駐車料金	百円
拝観料、抹茶代	八百円
お賽銭	三十円
室生寺駐車料金	二百円
室生寺拝観料	五百円

お賽銭・杉板　六百円
ガソリン代　二百八十七円
ジュース代　百円
宿泊費　六千二百七十円

†いつも道に迷っていた私／伊勢神宮　（志摩　泊）

翌朝、食堂には数人の姿しか見えなかった。聞けば、仕事の場所によって早めに朝食を済ませる人がいるのだとか。国民宿舎も、あちこちで利用したがこういう使い方もあるのだ、と初めて知った。宿のほうでも、毎度お馴染みといった職人さんや工事関係者も多く、かなりの融通をきかせているようだ。


食事を終え、フロントに立ち寄り、お薦めスポットを尋ねてみた。

「ここらはあまり、見るものがないだにね……」

そう言われてカウンターの上を見たが、確かに観光案内のパンフレットも置いてない。部屋の前は、朝の輝くひかりの中でも、寄せては返す波しか見えなかった。

「夏は、海水浴の人で賑わうが、他にはなあんにもないねえ」

のんびりと、そう答えた。

「三重に来たら、やっぱりお伊勢参りでしょう?」

「いやあ、伊勢参りもたいしたことはないで……」


そんな会話のあと部屋に戻った私は、昨夜思い出した中学時代の友人に電話をかけた。

「いま、津にいるのよ。どうしているかな、と思って……」

三十年近く会っていない。同じクラスになったこともあり、名前は覚えているけれど、町ですれ違ってもお互いに決してわからない相手だろう。

顔を思い出さないまま、小田原の共通の友人の話、二〇〇〇年の同窓会の話を楽しんだ。

「今日は、義母を病院に連れて行かなければならないのよ。会えなくてごめんなさいね……」

彼女は申し訳なさそうに言ったが、私は話ができただけで充分満足だった。

彼女もお薦めのスポットはない、と言った。

それなら、岐阜を目指して走ろう、そう決心して宿を出た。

それなのに、私は志摩にいる。

フロントで、簡単な地図と、三十周年記念の時計をもらった。

思いがけず、ご褒美をもらった気分。

今夜か、明日にはおじに会えるぞ、と意気揚々と出かけた。

うまく国道二三号線にも乗ることができた。

やればできるじゃん！　と鼻歌さえ出ていたのに、案内を見てびっくりした。

私は、松阪・伊勢方面に向けて走っていたらしい。


なんてこった……


いまだに、東西南北には疎い。

徳島では、四国三郎の呼び名をもつ吉野川が、東西に流れている。

そのせいか、道順を尋ねても、ほとんどの人が『その信号を東に手折って』とか『その曲り角を北にとって』などという表現をする。

記憶の中では、小学校三年まで右と左もしっかりとわからなかった私のこと、きっと左利きを矯正されたんだろう、と結論づけている――そんな私が見知らぬ地での東西南北など、地図の上ならまだしも、まったくあてにならなくても仕方がない。

あ～あ、やっちゃった……


まあ、いいや、少し寄り道をしたって、待っている人はいないんだから。

出勤時の渋滞を過ぎた時間、大きなトラックが時折追い抜いていく。

ボ・ボーッと鳴らす警笛さえ、注意を促す、というよりは気をつけて走れよ！　と応援してくれている、そんなのどかな情景だ。


閑散としたまっすぐな道路を正面を見据え、私は走って行った。

間違いには気づいたが、急ぐ旅ではなし、Uターンはなしにしてそのまま二三号線を南下していった。

久居が過ぎ、松阪も過ぎ……

ふと気がつくと、この道はかなり走りやすい。なぜだろう。

ウィークデーの十時過ぎ、一番道路が空いている時間かもしれないが、路肩にしっかりと余裕があることに気がついた。

バイクにも、とんとお目にかからないが、信号での停止線には『原付』と案内まである。これなら、自動車に幅寄せされる心配もない。県によって、こんなにも違うものか、と感心しながら走って行った。

伊勢に入るとすぐ、私は書店を探した。最近は、大きな構えの書店が多くなり、買い物をしなくても心苦しく感じずに済む。店員に背を向けて、今夜の宿を調べた。

志摩郡大王町に町営宿舎があり、素泊まりで三千円と書いてあった。徳島のどこぞの書店には『立ち読みは　情報泥棒です』と何カ所にも張り紙がしてあったが、背に腹は替えられない。しっかりと記憶すると、黙って店を出て、すぐさまPHSで連絡を取った。どんなところかわからないが、これまでの原稿をまとめようと、三泊お願いした。ひとり部屋だと四千円になると言う。それでも安い、と思った。一時からチェックインできる、と言うのでそのまま大王町を目指すことにした。それなのに、道は行き止まりになり、着いたところは伊勢神宮の内宮前。

おかしいと思ったのは、道の両端に石灯籠が規則正しく立ち並び、杉の木立ちがその石灯籠を守るように立っているのに気がついたとき。

あー、またやっちゃったみたい……

私は、またしても自分の地理的能力を疑った。

私の守護霊さまは、どうしても私を伊勢神宮にお参りさせたいらしい。

こんなことでもなければ、生涯お伊勢参りはしないだろうなあ。

そう思うと、ありがたいことだと思い直した。

†いつも道に迷っていた私／伊勢神宮

いつもの通り、大きな荷物はそのままに、私は清らかな流れの五十鈴川にかかる宇治橋――皇大神宮宇治橋を渡って、こんもりとした深い緑の中へと足を踏み入れた。

橋を渡って右に折れると参道。一の鳥居をくぐり、手洗い場を経て、緩やかに左に曲がりながらなおも歩くと神楽殿があり、さらに進むと正殿前へと続く。

足元の砂利はすこぶる歩きにくい。

ヒールの高い靴を履いたご婦人や厚底サンダルの娘さんたちは、ひょろひょろしながら歩いている。

ベビーカーを押した若い夫婦、車椅子を押している人たちにとっても、試練の道だ。涼しくなったな、と思ったら、両脇を数百年の年月に鍛え育て上げられたであろう、たくさんの木々に囲まれた参道を歩いていた。

日差しはまだまだ強いけれど、この木々たちが木蔭を作り応援してくれている。私の履物は厚底サンダルではないが、砂利に足をとられ、なんとかならないの！　と毒づいていた私を、木立ちは優しく諌めてくれる。

神楽殿を過ぎる頃、どこからともなく、笛の音が聞えてきた。砂利を踏みしめる音と共に、優しい音色を耳にしたとき、本当にやすらかな気持ちになった。


とうとう正殿前に着いた。

今まで歩いてきた距離や建物の大きさを考えると、呆気ないくらいに小さな構えだ。中が見えないように、白い布がかけてある。それでも風が吹くと、中の様子が垣間見える。

このお参りの場所が板垣の前、その中に外玉垣、内玉垣、端玉垣と四重の垣をもって守られているらしい。

緩やかな、幅の広い石段を上ると、左手には小さな建物の中に筆を持つ宮司さんが、右手には制服の護衛官が立っていた。
お賽銭を投じ、おぼろげな知識のまま柏手《かしわで》をし、礼を繰り返して、残してきた家族の幸せを願った。

参拝を終え、帰り道はどこかの団体さんの後ろを歩くことになった。うれしいことに、ガイドさんが説明をしている。

これらの建物は、式年遷宮と言って、二十年に一度建て替えられている。それは二十年も経てば、掘立柱の社殿も茅葺きの屋根も傷みがひどくなることに加え、建築の技術を残すという名目もあるようだ。また、装束、神宝など二千五百点もの調度品すべてが新調されるという。六九〇年に持統天皇が始められたことで、近年では一九九三年に遷宮されている。

一般人は、決して正殿には足を踏み入れることができないのだが、この遷宮の折だけ、お白石持――新しい宮地に敷きつめる白石を奉曳《ほうえい》車に載せ、市民が内宮・外宮両宮に運ぶ行事――のときだけは、正殿のそばまで市民の参入が可能だという。

ふうん、費用だってバカにならないだろうけど、それよりも技術を残すという大切な儀式なんだなあ……

えっ、なぜ、私はこんなことを知らないのだろう、あまりの知識の乏しさに、パンフレットを取り出そうとしたがもらっていないことに気がついた。

最近では、どこに行っても拝観料がいる。それと引き換えに、案内のパンフレットをもらっているのに、私はここ伊勢神宮では拝観料を払っていない。

なぜだろう？　ああ、そうだ。

日本をひとつの家族とみるならば、伊勢神宮はいわば氏神さまのようなもの。それならば、拝観料も取らず、パンフレットを出さないことも納得できる、そんな気がした。

　ここで私は、またしてもステッカーを探したが、見つからない。

根来寺では見つかったステッカーが、室生寺でも見つからなかった。

土産は荷物にならないものと決めて、ステッカー、切手、葉書の類を探している。

だから室生寺では、土産物に貼るシールを分けてもらっていた。今、根来寺と室生寺土産のシールが、タクトのボディで輝いている。

少し道を変え、参集所に着くと、ジュースの自動販売機やインスタントカメラの自動販売機と共に、お茶の用意があった。そばには白木で出来た箱が置いてある。たくさん歩いて、お茶をありがたいと思った人は、そのこころを置いて帰る、何も書いてはないが、そう気がついた。

お参りを済ませ、門前に目をやると、そこは賑やかな通りになっていた。それまでの静寂が嘘のように、幟がはためき、物を売る人の声がする。雑多な食べ物の匂いと明るい掛け声につられて、私は横丁に入っていた。

お払い横丁とおかげ横丁。

私はおかげ横丁の入り口で、記念切手を買うと、ぐるりと一周して回った。そして、おかげ座に足を踏み入れた。

お伊勢参りがもっとも盛んだった江戸時代にタイムスリップできる、という触れ込みだ。伊勢神宮に拝観料がなかったことを思えば、六百円はなんでもない。

初めに歴史館に通された。

三十六機あるという映写機でのからくり映像は、圧巻だった。

当時の貧しい農民が、お伊勢参りをどのように考えていたか、どのように実行したのか、それは彼らにとってどんな意味があったのか……

それらを、ユーモラスに教えてくれる。

歴史館でからくり映像を見たあと、拡声器を肩にかけたおじさんに案内され、主題館へと進んでいった。

施行《せぎょう》という、四国で言うならお接待——ボランティア、風俗、衣装などなど……

おもしろい語り口で、飽きさせられることなく、二分の一に縮小された江戸時代の街を私は歩いた。薬屋があり、湯屋があり、食べ物屋があり、旅籠があり……

弥次さん、喜多さんの珍道中ではないけれど、江戸の庶民がさまざまな初体験をしながら、一喜一憂しつつ旅する姿が目の前にある。

最期は、花街まで用意してあったが、私の目には、あでやかな花魁《おいらん》もお蕎麦屋の女中もおんなじ顔に見えた。

そう言えば、御師《おんし》もお参りする村人さえも。みんなが姻戚関係にあるのだろうか……

たっぷりと江戸時代の旅を満喫した私は、昼食を摂っていないことに気がついた。見れば、もう二時を充分回っている。

簡単に食べられて、カロリーの少ないもの……

こんにゃくラーメンなるものの店があった。好奇心の強い私が、ひとりだからこそ、食べられるラーメンだ。スープは白く濁ったとんこつなのかな。コーンがたくさん入り、まずまずの味。ただ、こんにゃくの麺はやはり違和感がある。猫舌の私には、冷えても伸びない麺はありがたいのだが、話の種に近いものを感じた。この店の名誉のために書いておくが、焼き豚はとても美味しかった。

神宮参拝を無事終えた私は、今度こそ今夜の宿舎である志摩郡大王町の町営宿舎へと向かった。

国道一六七号を走り、鳥羽を回れば遠回りになる。

ええい、ままよと山道を走って磯部を目指した。そのとき、既にガソリンは半分より少し多かろうか、という量。

こういったとき、いつも考えてしまう。ここで、『百円分入れてください』と言えるかな。『満タンにしてください』と、本当にそう言えるかな。

結局、見栄を張っていざとなったら、押して歩けば良いのさ、とうそぶく私。

満タンで山道に入って行ったことなど皆無だ。

今度の道も、薄暗く、細い道なりに走って行く。だんだんとすれ違う車さえ、見えなくなる。

こんなところでガス欠になったら、夜中も押して歩くしかない……

不安は現実味を帯びてくる。

いつも、不安と戦いながら、それでも私はバイクを押さずに済んでいる。

いよいよ、というときに、必ずスタンドが現れる。今回もご多分にもれず、といったところ。

安堵のため息をつきながら、一六七号との交差点に程近いガソリンスタンドに寄った。

日焼けした笑顔の素朴なおじさんが、ガソリンを給油しながら言った。

「藍住町って言うと、徳島県だね」

この旅で、私は初めて、藍住町を徳島県と知る人に出会った。

「藍住町って言うと、板野郡、徳島だよね」

おじさんは、少し思案深げにそう言った。

ヘルメットを外しながら、私は驚きを隠せなかった。

「どうして知っているの？」

「いやあ、友人が板野町にいるんですよ」

「ああ、そうなんですか……。それにしても、感激だなあ、徳島ってわかってもらえて」

「お客さん、まさか、徳島から走ってきたの？」

その質問を、ず～っと待っていた私は、胸を張って答えた。

「そう、九日に徳島を出て、いろんなところを回ってきたの。神奈川まで走ろうかと思っているんだ！」

「へえ～、若い人ならいざ知らず、いや若い人ならこんなミニバイクではやらないねぇ。もっと大きなバイクなら、何人も知っているよ」

「ははは、私は恐いもの知らずだから……」

「そう、でも気をつけて行きなよ」

そう言って、おまけにキャンディを二つくれた。

バイクも、私のこころも充分に満たされて、また、走り出した。


この日の朝、私はちょっとしたアクシデントに見舞われていた。

朝、洗顔のあとにつけようと化粧水を見て、びっくりした。

この旅に出かける直前に、封を切ったまだ新しいものだったのに、中味がほんの少しになっている。狐につままれたような気がした。

もしや、と衣類を触ってみるとしっとり濡れている。

蓋の閉め方が、ゆるかったらしい。そのまま横にされ、漏れ出したということのようだ。体につけるものなのだから、そのまま乾けば問題ないや、と思いつつも、磯部に入り、コインランドリーを見つけると、タクトを止めた。

機械を回しながら、宿舎に伝えた時間よりも遅くなるな、と気がついた私は、PHSを取り出し、連絡を取った。

何度かけても、つながらない。建物の外に出てみても駄目。

そこで、やっと、この地域がPHSの電波の届かない地域だという事実に気がついた。

なんてこと……

モバイルパソコンを持参している、とは言っても、移動通信に契約を替えたせいで今は通信できない。それを補っているのが、PHSだった。メール仲間にも、PHSのアドレスを伝え、徳島に残る娘とも、日々心配している弟夫婦ともこのPHSで連絡を取っていた。

励まされ、安心してもらって、旅を続けているというのに……

しかし、今さらキャンセルするわけにもいかない。

今夜の連絡は、公衆電話に頼ることにして宿に向かった。

今宵の宿、町営宿舎桧垣は、志摩郡大王町は登茂山にある公営のいこいの村大王、大王町野外活動センターのひとつとして、建てられている。

英虞《あご》湾に飛び出した登茂山半島のほぼ突端。

ここへの案内は多くはなく、行き過ぎてしまったかと、何度も心配になった。

なにせ、この日、何度も地図の読み違えをしている。

五時過ぎ、ようやく目指す今夜の宿に辿り着いた。三泊の予定を二泊に変えて書類に記入し、部屋に案内された。

管理事務所とは別の棟になっており、大きな建物の中に、今夜の宿泊者は私ひとりっきり。

果たして、安全なのか危険なのか……

街からぐんと離れた、半島の突端である。

悪い想像が頭の中を駆け足で巡っていった。

寝具類を次々に手渡されながら、私は不安を口に出せずにいた。

部屋は、八畳はある天井の高い部屋で、すぐ向かいに大浴場とランドリーの設備がある。

カーテンを開けると、少し高台にある宿舎の私の部屋からも、英虞湾の養殖筏《いかだ》の様子が見て取れた。


ほう……


眺めはすばらしいし、とても静かだ。その静けさが、何があっても助けが来ないかもしれない、という恐怖心をさらに煽った。

荷物を解き、館内を見て回る頃、二つ目の恐怖（?）が私を襲った。

ジュースの自販機しかない。

近くにコンビニぐらいはあるだろうと思っていたが、まったく何もない。

出かけるには、もう遅い。外は満天の星しかなく、真っ暗な闇に包まれている。

そう思うと、余計におなかが空いてきた。

ジュースの自販機を見て回る。

三台あるが、同じメーカーの、コーヒー以外は炭酸のものがほとんど。

少しでも腹の足しになるようにと、りんごのジュースを買った。

公衆電話で、徳島に電話をしたが　あいにくの留守。

誰の声も聞くことができず、口に入れられるものはりんごジュースだけ。

なんてことだ！

娘にしても、夫にしても車で移動をするせいで、車の中にはいつも何かしら食べ物が入っている。

私の場合は、自転車の次のミニバイクだから、何も保存する知恵がついていないし、ガムも、キャンディも持ち合わせていない。

いや、今日はキャンディがある！

ガソリンスタンドのおじさんにもらった、二つのキャンディが宝物に思えた。
玄関の大きなガラスドアを恨めしげに見つめたあと、鍵をしっかりとかけ、自分の部屋の鍵も何度も確認し、窓ガラスの外に誰もいないことを確認してカーテンを閉めると、早々に床をのべた。

十月十二日　支出合計　一万千二百八十一円
内訳
記念切手十枚　八百円
お賽銭　二十円
おかげ座入場料　六百円
こんにゃくラーメン代　五百二十五円
ガソリン代　三百十六円
コインランドリー洗剤　二百円
洗濯代　六百円
乾燥代　百円
ジュース代　百二十円

宿泊費二泊分　八千円

†ただ優しさが欲しかっただけ／鳥羽　（志摩　二泊目）

十月十三日、出発してから五日目。

思いもかけない、志摩の大王町に私はいる。

朝、目が覚めて一番にしたことはＰＨＳの電波の確認。通じているはずはない。がっかりしながら身支度を整えると、朝食兼昼食の算段に出かけることにした。

もう、空腹さえも感じなくなった体に、もう少ししたらご飯だよ、と言い聞かせ、私はタクトに体を預けた。目的地は、鳥羽。途中まで行くと、昨日の合流点に気がついた。近くの空き地にはピンクや白のコスモスが揺れ、空は今日も真っ青だ。頰をなでる風も、私を応援するかのように優しい。

途中で、学校帰りの小学生の集団と遭った。もう、そんな時間なのか。

もう少し走ると、今度は中学生の一群が口々に叫びながら、仲間と歩いているのに出くわした。

私は、残してきた高校生の二男に思いを馳せた。

きちんと学校に行っていることは、疑う余地もない。お弁当は、誰が作っているのだろう。きちんと着替えているだろうか、髪の毛はもう、短くしただろうか……

はっきりと自分の意見を言わない二男は、いったい私の行動を、両親の生き方をどう考えているのだろう……


夫婦で、娘に告げたときのことを思い出した。

家族で暮らしていてもこれほどさびしいなら、いっそひとりで暮らしたほうが誰も恨まずに生きていけるのではないか。そう思い、その思いが態度に出た二日後、いつもの私を責めるときの口調で、冷たく三度目の〝出て行ってくれ！〟を夫が口にしたとき、私は静かにわかった、と答えた。

もう、気持ちのどこかでこの人とは一緒に暮らせない、そう思うようになっていたから。

あまりに静かすぎたので、子供たちは両親の突然の別れに気がつかなかった。
二、三日後、私は娘に、
「出て行くことにしたの」

と告げたが、

「え、何のこと？」

と娘はきょとんとしていた。


その数日間で、夫は私をなだめたり、すかしたりしたのだが、決心が固いことを知り黙って出て行かせることにしたらしい。


家を出ることを決めてから七日後の夜、娘が切り出した。

「それで？　この夫婦はどないなっとんよ！」

夫は、私が正気と狂気の境にいると言ったあとで、

「母さんのやりたいようにさせようと思うんだ。でも、本当に困ったら、自殺なんてことを考える前に、僕のところに帰ってきてほしい。誰のことも恨まずに気持ち良く出て行っ

てほしいんだ」

と言った。

「父さん、偉い！　私はそれを聞いて安心した。母さんも、好きなことを思う存分やってきな」

どうしてこんなことになるのかな、と私は冷めた気持ちでふたりを見ていた。

私が、単に私のわがままだけで、家族を棄てることになってしまった。

残される夫は、娘は、美談の中心にいる……

もう少し、私のこころに、あなたたちの優しさを感じたかっただけなのに、そう思ったが、私が出て行くことに変わりはない。

「誰のことも、恨んでなんかいないよ。これからも過去の話をして、あなたを苦しめることがあるだろうけど、それは事実としてこんなことがあった、そう言っているだけ。

もう、恨んでなんかいないよ。今は、とってもありがたいと思っている……」

これは、嘘いつわりのない、その時点での私の気持ちだった。

二男は、そんな会話を聞きながらゲームを続けている。

何も質問しない、何も言わない。

ああ、おなかが空くと、まともなことを考えないな！　さあ、何を食べようかな？　涙で路面が見えなくなる前に、私は気持ちを切り替えた。

国道一六七号線は、近鉄志摩線と並行して走っている。片側の志摩線の電車が時折私に声をかけ、片側には取り入れの済んだ田圃が悠然と構えている。

携帯電話の鉄塔は、時折見かけるけれど、ＰＨＳのアンテナはどこにも見当たらない。それでも未練がましく私は、信号で止まるたびに、もしや、とＰＨＳを取り出して確認していた。

山が切れ、右手に走っていた近鉄が左手に移ると潮の香りがほのかにして、間もなく鳥羽の市街に入っていた。

もっと大きな町だと思っていた。

もっと賑やかな観光地だと思っていた私は、拍子抜けしてしまった。

繁華街をすっと抜けてしまって、慌ててUターンして、駅に辿り着いた。

　移転前の高松駅を思い出した。

　あの頃の高松駅よりはずっと新しいが、造りが似ているように感じた。道路に面した階段を上って行くと土産物を売る店があり、その奥にレストランがあるらしい。

食事をする場所を探してもいたから、レストランも覗いてみたが、気が乗らない。

食事をすることが、重要に思えなくなっているようだ。

土産物屋の店員さんに、ステッカーはないかと尋ねてみた。

答えはNO。

PHSの電波についても聞いてみたが、

「よく、お客さまに尋ねられますが……、携帯ならお使いいただけるんですが、ここではPHSは……」

と申し訳なさそうな顔になった。

　鳥羽と言えば水族館、そんなイメージが私にはあるが、三島由紀夫の『潮騒』の舞台となった神島、ミキモト真珠島、戦国時代にこのあたり一帯の海を支配したと言われる九鬼水軍の将、九鬼嘉隆の鳥羽城跡などもあり、観光には事欠かない場所のようだ。

もう一度、繁華街の入り口にタクトを止めると、何軒か並んでいる料理屋さんのうち、丸栄という屋号の店に入って行った。

まだ、看板を出して間もない時間。混むのはこれから、というとき。


熱いほうじ茶と共に渡されたお品書きを見て、私が入る店ではないな、と気がついたが、そんなことはおくびにも出さず、貝盛り定食を注文した。

さざえがふたつ、ムール貝、ほたて、蛤に海老。それらが見事に盛りつけられ、私の前に出てきた。

さざえを口にしながら、何年ぶりだろう、としみじみ思った。

最後にさざえを食べたのは、いったいいつのことだっただろう。

空腹も手伝って、こんなに美味しいものを食べたことはかつてない、とまで思った。

そう、ここにも原因があったな、と続きを思った。

私の食べたいものではなく、夫の食べたいものを食べていたんだ、と思い当たった。

私の行きたいところではなく、夫の行きたいところ。私の見たいものではなく、夫の見たいものを、二十四年間経験し続けてきたのだ。

夫の考えを、自分の考えと同化させ、最終意見は夫に合わせていた。

それが、良妻賢母だと信じていた。

今、自分のこころを自由に解き放ち、行きたいところへ行き、食べたいものを食べることができる。

そう思うと、うれしさが、じわぁ〜っと体全体に染み渡るようだった。

ほとんど丸一日空けての昼食を、残らずきれいに平らげると、さあ、どうしよう、と思った。

持参した原稿を、フロッピーディスクに入れて、少しでも荷物を少なくすること、それが目的で二泊の予約をしたのに、実際はＰＨＳのことや、空腹にかまけてろくに予定をこなしていない。

鳥羽の町も、想像よりもさびしくて興味を引くものが見当たらない。

じゃあ、帰ろうか！

わき目もふらず、一六七号線を戻り、鵜方まで来てスーパーマーケットへ寄ることにした。

この道も三度目。どこに何があるか、おぼろげながらもわかるようになった。

徳島で勤めていたスーパーの系列店。なんだか、懐かしい気さえする。夕食・朝食分の食料を調達すると、土産物になるものはないか、と見て回った。

夫が小売業に従事している関係で、どこに行ってもこの手の店には必ず入る。大手よりも地元のスーパーのほうがおもしろいのだが、土産物店では見つからない、地元の美味しいものに出合えることがある。

今回は、浅蜊の佃煮を買った。徳島に、少し荷物を送ろうと思っていたので、それに加えることにした。

宿に帰り、早速徳島に送る荷物をまとめた。三日分の衣料はかさばるだけだったし、室生寺で買った杉板、伊勢の御殿場荘で創立記念だともらった時計も、今の私には必要のないものなのだ。

昔も今も、好奇心の強さは変わらない。

しかし、モノに対する執着心がなくなった、という点では大きな違いがある。

以前は、いろんなものが欲しかった。何か特定のモノに執着して集める、ということはなかったが、それでも衣類も土産物も包装紙でさえ、捨てることが難しかった。

それなのに……

徳島を出る、と決めたときに、あらゆるものが必要だと思わなくなった。

将来のことを考えて友人と始めたハーブ関係の書籍も、いつか編もうと買った何種類もの毛糸も本も、なかなか見つからないお気に入りの靴も洋服も……

私の中で、一番輝いていた、と思っていた中学の卒業アルバムでさえ、特に必要と思わなくなったのだ。

どこでどんな生活をするのかまったくわからない今、必要なものはお金だけなのだが、それさえもどうにかなるさ、と気にかからない。

こころが、自由になるということは、こういうことなのだろうか……

さまざまなしがらみから解き放たれて、気ままに生きる、とはこういうことなのだろうか……

先のことに不安はあっても、充実した日々を送ることのできる私は、とても幸せなんだ、そう思いながら荷物をまとめ、郵便局への道を急いだ。

郵便局からの帰り、私は宿の案内を通り過ぎて半島の突端にある見晴らし台へと寄り道をしていた。

広い駐車場からは、英虞湾を望むことができ、その光景は見事のひと言に尽きる。秋の日のやわらかな日差しが、湾に浮かぶ筏を照らしている。キラキラと穏やかに輝く海面と筏のその光景を、私はしっかりと瞼に焼きつけた。

パソコンへの入力作業は、当時の思い出を蘇らせ辛いことも多かったが、それでも若かった頃の自分との対面はなかなか興味のあるものだった。

疲れると窓際に立ち、英虞湾の風景に見とれる。日が暮れて、筏の様子が見えなくなっても、優しく輝いていたあの光景が目の前に現れた。いつか、穏やかな幸せに包まれる日が来る、そう信じることにした。

夜も更けて、娘に電話をかけてみた。昨夜は誰もいなくて、留守電へのメッセージになった。だから、遅めの電話にしたのだ。

娘からは、意外な情報がもたらされた。

岐阜に行ってもおじさんはいないよ、という。

詳しく聞けば、弟から電話があり、東京の、父の従兄弟のところで不幸があったそうな。そのために、おじさんは東京に出かけたという。


それを聞いた私の落胆は大きかった。

亡くなったおばにも、子供の頃にお世話になったことがあることに加え、勝手におじに会おうと決め、しばらく居候をさせてもらい、周りの興味のある場所を訪ねてみたい、と思っていたのだから。

ふ～、うまくいかないな……

誰もいないとわかっているこの建物の一室で、ドアにはしっかり鍵をかけ、窓の鍵も確認して、ゆっくりとお風呂を使うことにした。

十月十三日　支出合計　四千四十九円
内訳　昼食／貝盛り定食　千八百円
ヨーグルト二個　二百円

パン一個	八十円
ジュース代	百円
浅蜊の佃煮	二百九十八円
生パイナップル	百九十八円
消費税	四十三円
軽石、糊代など	四百二十円
ダンボール代	百四十円
送料	七百七十円

†お天道さまは見てござる／知多半島

（那加　泊）

十月十四日、電話での予約では三泊する予定だったが、ＰＨＳの電波の届かないこの地では心細さが先に立ち、二泊したところで先に進むことにした。

今日も快晴。荷物を荷台に縛りつけると、私はタクトにカメラを向けた。春に中古で買ってから、特別に掃除をしてあげることも調整をすることもなく、ただただ走らせ続けてきたこのミニバイク。もしも、この旅を終えて、本当に本にすることができるのなら、この私のパートナー・タクトくんの雄姿を残しておかなければいけない、そう思った。

街中の宿ではなく、木々に囲まれ、それでいて英虞湾の養殖筏も見ることができるこの町営宿舎は、愛車の姿を残すにはうってつけの場所に思われた。

何枚か写真を撮ったあと、いよいよ出発。

時間はいつものように九時。太陽は既に、高く昇っている。

鵜方まで走った私は、ここでえいっとばかりにエンジンをふかして、有料道路に進路を取った。今までの道は、国道ばかり。

一度たりとも、有料道路を走ったことはない。いや走れない、と信じていた。

ところが、このパールロードはミニバイクでも走ることができるように書いてある。そこまで走って行ってみて、ダメですよ、と言われたら、ああ、そうですか、と戻ればいいや、そんなダメもとの気持ちで海岸沿いの道路を走って行った。

走り始めて間もなく、ガソリンスタンドが見えた。風が強く、スタンドの幟が音を立ててはためいている。

もしも通れない道路なら、何か言われるだろう、と思ったがそれもなく給油を終え、鳥羽方面へとタクトを進めた。

このパールロードは、阿児町鵜方と鳥羽市今浦をつなぐ、熊野灘に沿った丘陵に延びる二十三・八キロの有料道路である。途中にいくつもの見晴らし台があり、養殖の無菌牡蠣では世界一と言われる的矢牡蠣を養殖している的矢湾の眺めもすばらしい。

対向車も、後ろから追いかけて来る車もないことを良いことに、あっちにふらふら、こっちにふらふらといった態で、何カ所もある見晴らし台をはしごしながら走って行った。本当に気持ちの良い熊野灘の眺め。

昨日見た、英虞湾同様、優しくキラキラとひかる海面が、私のこころを癒してくれるようだった。空はあくまでも青く澄み渡り、海は秋の太陽のひかりを優しく受け止めて、キラキラと輝いている。

そんな中、私はパールロードを走り抜け、シーサイドラインを走ることになった。はっきりとした境はないようだったが、料金表は分かれている。

鳥羽に近くなった頃、『トピアリー街道』という案内があった。これは、鳥羽展望台にそれる脇道なのだが、道路の脇には樹勢を考えつつ、さまざまな形に作られた木々が植えられている。ハートあり、熊さんあり、ゾウさんもあった。四角もリングもある。

とてもメルヘンティックなトピアアリー街道だが、少し疑問がわいてきた。

それらの作品を見ながら運転することは、危険ではないのだろうか……

自分でも、対向車も後続車もないおかげで、ゆっくりと観賞しながら走ることができたが、折角丹精込めた作品がもとで事故でも起こったら……

そんなことは考えないのかな、と首をかしげてしまった。


トピアアリー街道の終着地点は、鳥羽展望台だが、広い駐車場が見えるとすぐ、私の大好きなカーペンターズの曲が耳に入ってきた。

久しぶりのそのメロディに、それだけでここはすばらしいところだ、と思ってしまう。

もちろん、ここにも何点かのトピアアリー作品が植えられているし、景観は思わず息を呑むほどだ。

今までの見晴らし台よりは少し高い位置にあるのか、熊野灘が本当に気持ち良く見える。

大きく深呼吸をして、土産物店に入っていった。

まず、最初に探したのはステッカー。

昨日、鳥羽駅の土産物売場で探したが、見つかっていない。

もしや、と思ったが、ここでも見つからない。諦めるしかないのだろうか……

最近の不思議な傾向として、どこの土産物店でもラベンダー関連や草木染めといった商品が見受けられるようになった。

ご多分に漏れず、ここにもラベンダー一色のコーナーがある。

徳島を出るまで、夫の実家の畑をハーブ畑にしようと悪戦苦闘していた私は、このコーナーを見て、もしもこの地域にハーブ園があるのなら、ぜひ立ち寄ってみたいと思った。

一年半近く勤めたスーパーで出会った友人と共に、その年の春、同僚の理不尽な言い掛かりに腹を立て、一緒に飛び出していた。

何をしようか？　と、その日ランチを食べながら彼女と話し合った結果、しばらくは夫の実家でハーブ作りをしよう、ということになった。

今なら筍が生えているよ、それを売ることもできるし、今は荒れ放題の畑を整えてお金になるようにやってみようよ！

そんなことだった。

彼女は動物、殊に犬と離れて生きてはいけない。

「ハーブが人間にとって癒しの効果があるなら、家の中で飼われている犬や猫のストレスを解消する効果もあるのではないか?」

それが彼女の動機だった。

筍を掘って売ることまではしなかったが、野菜の苗を買い、主だったハーブの種を蒔き、主を失った実家の片付けをしながら、私たちは夢を語り合った。

そして固く約束をした。

どちらか一方が先に成功したら、もう一方に手を差し伸べること。


モノ書きになりたい! と悪戦苦闘していたスーパー勤めの間、彼女に何度も励まされた。

「何度も投稿しているのに、佳作にも引っかからない……」

「なあ、難しい文章を好む人もおるし、幼稚なものを好きな人もおるでぇ。あんたの書いたものは、今、読んでもらえてないだけよ。必ず、あんたの書いたものをおもしろい! ゆうてくれる人がおるけん、何も心配せんと書いとったらええんじゃ!」

時には、こんなことも言われた。

「あんたな、借金を怖がっとったら、何もできんのでよ。わたしはな、借金ばっかしやけど楽しいに生きとる。親父の借金のかたに定時制に行ったのがなんぼのもんよ。そんなこと忘れて、ここぞ！　と言うときには借金もしなよ！」

私の家出で、ハーブ園の実現は水の泡と消えたけど、彼女との友情はいつまでも消えることはない。

彼女のサッパリとした気性を思い出しながら、店員さんに尋ねてみた。

「このあたりに、ハーブ園があるんですか？」

「えっ、ハーブ園ですか？　ないと思いますが……」

「あら、だって、ここにラベンダー関連の商品がいっぱいあるじゃないですか！　これはどこから？」

私は、素直に驚いて、重ねて尋ねてみた。

「ああ、これですか？　これは北海道から、仕入れているんですよ」

「えっ、北海道ですか？　どうして……」

「さあ……」

とても困ったような顔をして、店員さんは手元の商品を忙しそうに並べ替え始めた。

それを機に、私は店を出た。

空気には、かすかに潮の香りが混ざっている。ふと視線を感じて振り向くと、等身大の看板の中から、この鳥羽出身の鳥羽一郎兄弟が笑顔で、私を見つめていた。

『小さなことにくよくよするなよ、人生はもっともっと複雑で、でもとても楽しいものなんだぜ！』

そんな語りかけをしているようだった。

鳥羽展望台でしばらく休憩した後、私は再び走り始めた。

目指すのは、鳥羽のフェリー乗り場。石鏡《いじか》という地名に興味を持ったり、そこここにある漁村の様子にこころ惹かれながら、先を急いだ。

昨日の鳥羽駅よりも手前のフェリー乗り場に到着すると、係のおじさんが料金を告げ、出航時間を告げた。

ふと時計を見ると、今から二時間半後の出航になる。

「えっ、二時間以上あとなの？　このフェリーには、乗れないのかなぁ？」

素直に口に出してみた。

あっという表情になり、おじさんは無線のマイクを口元に持ってきた。

「バイクが一台、乗車します」

そういうと、私に告げた。

「すぐに出ますから、早く乗ってください！」

「ありがとう！」

笑顔で告げると、すぐさま、私はフェリーの乗客になった。

時刻は、十一時三十分。


タクトを言われるままに停車させると、私は真っ赤なヘルメットとショルダーバッグ、パソコンの入ったバッグを手に客室に入って行った。

まず初めにチケットを買った。目的地は、愛知県師崎港。

この鳥羽港からは、知多半島の師崎港行きと、渥美半島の伊良湖岬行きの伊勢湾フェリーがあり、師崎と伊良湖岬の間には、名鉄フェリーが運航している。

急いで小田原まで行こうとすれば、伊良湖岬へ渡るほうが断然早いのだが、どうしても私は、岐阜のおじのところに寄りたかったのだ。

客室はほんの数人の乗客しかいないように見える。

売店を冷やかし、さして欲しいものもないなと知ると、甲板へ出てみることにした。

潮風を浴びながら、どんどん遠ざかる鳥羽の港を見ていると、徳島を出てきたときのことが昨日のことのように思い出された。


しっかりと歯を食いしばり、涙を見せながらも笑顔で私を見送ろうとしていた娘の顔が、目の前に大きくクローズアップされてくると、急にこみ上げてきたものを振り切るように、私は客室の中に足早に戻っていった。


明るい化粧の年配の女性が、ひとり座っているその隣へ私は歩を進め、声をかけた。

「こんにちは！　ご一緒させていただいてもよろしいですか？」

びっくりしながらも、その女性は笑顔で私を迎えてくれた。

鳥羽—師崎間のフェリーの中で知り合ったご婦人は、明るいお化粧をした、雰囲気もとても明るい女性だった。
京都からご主人と共に、伊勢志摩に遊びに来られたそうで、宿のこと、途中立ち寄ったという土産物屋や食事のことなど、楽しそうに話してくださった。

私の手元のヘルメットに目を留めると、そのことについても明るく尋ねてこられた。詳しいことは話すこともないだろうと、徳島からここまでタクトで走って来たこと、とりあえずは岐阜の各務原を目指している、いずれモノ書きになりたいの、と答えると、予測通り、ご主人は？　と聞かれた。

包み隠さず話すことは、別段辛いことではないのだが、折角の彼女の楽しい旅を、さびしいものにしてしまうかもしれない。

これまでにも何度か、ご家族はどう思っていらっしゃるの？　という疑問をぶつけられた。

そういうとき、私はこんな風に答えている。

「なにせ、言い出したら聞かない、わがままな女ですから……

夫も子供たちも、やりたいだけやってこい、と諦めているんですよ」

これは、決して間違った解釈ではない。

激しい言葉も、冷たい視線も浴びたけれど、出かけるときは、夫も気をつけて行ってこいよ、と言ってくれた。それにしても、といつも思う。

世間さまの反応はどうでもいいの、自分が楽なように生きたいの。

もう、我慢するのは嫌なんだから……


そう思って家を出たのに、なかなか世間さまの反応から、逃れられない私がいる。自分でわがままと言っているので、世間さまは私の夫を、よく我慢しているわねえ、亭主の鑑よ、と誉めてくださる。


そんなこと、あるはずないでしょ！

そう反発しながらも、出て行く人間よりも残された人間のほうが、数倍辛いことも理解しているつもり。

最後には、五人で笑って食事ができるから、最後には、必ず笑えるんだから、そう自分に言い聞かせながら、タクトで旅を続けている。


フェリーから降りて、彼女とご主人の姿を探した。

あちらもふたりで私を見つけると、大きな声をかけてくれた。

「くれぐれも気をつけてね！　本が出たら、真っ先に買うわよ！」

名前も住所も聞かなかったことが心残りだったが、とても明るい気分で知多半島での一歩を踏み出した。


知多半島の突端から、私は各務原を目指して走り始めた。

と言って、今日中に各務原に到着できるとは考えていない。常滑も気になるし、まあ、走れるところまで走ればいいさ、いつものそんな気持ちで走り始めた。

何もない、と言ったほうがいいような国道二四七号線だが、伊勢湾側を選んだのは、フェリーでの会話が、私の耳に残っていたから。

とてもお魚が美味しい食事だったわ、と明るい化粧のご婦人が薦めてくれた店があったからだった。

しばらく走ると、その店は見えてきた。

駐車場を広く取った、観光バスが何台も入る大きな店構え。

少し気後れしながらも、隅のほうにタクトを止めると私は店の中に入って行った。威勢の良い掛け声は、残念ながら観光バスに残してあるようで、私のほうをちらっとは見るものの、いらっしゃいの声もない。
奥のほうには和風のレストランがあり、ご婦人のご満悦のお食事は、間違いなくこのレストランだろう、と推察された。

充分にお昼をまわっていたが、ふところ具合からも腹具合からも適当な店ではなかった。

店を出て、店頭で香ばしい香りがしている蛸串と徳島でいうてんぷら——大きなさつま揚げを買い、自動販売機でお茶を買って昼食にした。

かなり町から外れたところだが、もしや、と思いＰＨＳを取り出してみるとアンテナが一本だが立っている。

うわぁーお！

思わず歓喜の声をあげ、メール受信を行った。久しぶりにも思える知人からのメッセージに、ワクワクしながらＰＨＳをしっかりと握り締めていた。

果たして……

娘と同い年の、大阪のメール友達から、待望のメールが届いていた。

しかし読み進んでいくうちに、私のこころは重く沈んでいった。

彼女は、私が離婚をせずに家を出たことを、殊のほか喜んでいた。

離婚する、ということは悲しいことだが、私は夫の庇護から逃れたかった。

妻としての立場を捨てる以上、健康保険も厚生年金も外してほしかった。

それが、私のけじめだったのだ。

それなのに……


いざとなったら、自殺なんかを考える前に僕のところに帰ってきてくれ、だとか、保険も年金もこのまま掛けておいて、慰謝料代わりにすればいいだろう、という夫の優しい言葉に思わず頷いて出てきてしまった。


旅をするうちに、自分の至らなかった点が見えてきた。

と同時に、自分の視点ではなく、いつも夫の視点でものを考えていた自分をかわいそうだった、と思うようになっていた。

良妻賢母になりたかっただけなのに、家族仲良く暮らしたかっただけなのに……

その思いが　いつもついてまわる。
自分の意見をはっきり言わず、ただ夫の言葉に頷くことが良妻賢母だと信じ込んでいた幼い私が見えてくる。

今度こそ、自分のこころのままに生きるんだ！

そう思いつつも、離婚もせず　夫の言葉にまたもや頷いてしまった私……


彼女からのメールで、子供のこころに思いを馳せるよりも先に、悲しい習性に胸のつぶれる思いがした。


重いこころを、振り切るように、また私は走り始めた。

各務原のおじも、東京へ出かけてしまった。

折角のメールも、うれしいと言うよりは悲しい気分になってしまった……

どういうんだろうなぁ。

出かけたときは、あんなにも輝いていた私の行く手も、この真っ青な空でさえ、今は色褪せて見える。

なあに　自分の思い通りになんか
なるはずのないのが人生じゃないか！
少しばかり　思い通りにならなくたって
心配することはないさ。
お天道さまは　ちゃんと見てござる……

大好きだった祖母がいつも言っていた言葉を思い出し、気持ちを切り替えることにした。

名古屋へ行くのなら、二三号線で鳥羽から津に戻り、鈴鹿・四日市を抜けて桑名・名古屋と進むほうが、危険も多いだろうが、変化もあって楽しかったかもしれない。けれども、以前、夫と長浜・関ヶ原・桑名と旅行したとき、車の多さと空気の悪さに、辟易したことがあった。

のんびりと走ることを選んだのは、疲れも出てきていたせいかもしれない。どこまで走れるかな……

そうだ、常滑に寄ってみよう。

そう決めると、河和《こうわ》を過ぎたあたりで伊勢湾側の二四七号線へと方向を変えた。

ほとんど車の通らないこれらの道を、私は大雑把な地図を頼りに進んでいく。

まるで、私の人生そのもの。

行く先もわからなければ、この道で本当に辿り着けるのか、それさえもわからない。


しかし、空はあくまでも青く澄み渡り、風は爽やか。

時期がもう少し遅ければ、鼻炎の原因となるブタクサも、今は鮮やかな黄色の蕾のままで、じっと私が通り過ぎるのを待ってくれている。

その上、数日前の寒気のあとのこのあたたかさで、桜の花が咲いているのだ。

なんてすばらしいんだろう。

私を包む自然すべてが、私を応援してくれているように思える。

自分には辛く感じるメールでも、長い目で見れば、ありがたい言葉なんだ、私の子供たちの代弁者なんだ、と思うと、うれしくなり、唇からは自然とメロディがこぼれていた。

♪　今はこんなに悲しくて　涙も枯れ果てて
もう二度と笑顔には　なれそうもないけど……
そう、最後には、笑ってご飯が食べられるんだ！

空はまた、輝いてきた。


常滑に寄ろう、と思い進路を変えたはずなのに、常滑が近付くとタクトを止めることもせず、走り抜けてしまった。

焼き物が好きで、何カ所も窯元巡りをしたけれど、あれも思い返せば夫からの刷り込みだったかもしれない。

そう思うと、夫が私をいろんな面で育ててくれたことは、本当にありがたいと思う。

父親の勝手から借金を抱え、姉も私も中学を出て就職し、定時制高校へ進学した。

給料袋は封を切らずに父に渡し、その中から学費や小遣いをもらったものだ。

だから、長い間、私には青春がなかったと思い込んでいた。映画の楽しみ方も、演劇のそれも知らず、ましてやご贔屓の歌手のコンサートなど行ったこともない。

私は、同僚だった夫から、さまざまな楽しみを吸収していったのだ。彼がすべてで、まるで神さまのように思っていた。何でも知っている、何でもわかってくれている……

それが変わっていったのは、子供が生まれてからだったと思い返す。何でも知っているはずの夫よりも、私のほうが子供の様子、特に病気や子供のこころに精通するようになっていった。

世間に対する夫の言動に、少し違うんじゃないの？　と疑問を持つようになったのは、娘が小学校に入学し、たくさんの母親と話をするようになってから。

一人で神奈川から嫁ぎ、誰にもこころを開くことをせず、幼児虐待に近いこともしていた私の、〝開眼の場〟だった。

すれ違う車のないことを、幸運だったと思わなければいけない。

取り留めもなく、そんなことを思い返しながら、タクトをひたすら走らせていた。

だんだんと通行量も増え、こんなところを走っていていいのかな、と思ったときは、既に日も西に傾き、名古屋の近くまで来ていた。

ラッシュアワーも手伝って、私の周りには大型車がブンブンと唸りながら走り、まるで、象の群れに紛れ込んだ蟻のような状態になってきた。

この道路、本当に私が走っていてもいいのかな、そう思うほど、バイクの姿を見かけない。

けれども、私を追い越していく車の中にパトカーもあったけれど、注意を受けることもなく、走り続けている。

きっと走ってもいいんだよ。

そう自分に言い聞かせながら、図々しくも一九号線をひた走っていた。

熱田神宮の案内があり、名古屋球場の案内も見えた。大須ういろうの看板に思わずよだれを垂らし、御園座の前を通り過ぎた。

わー、ほんまに名古屋に来てしもうた……

私のバイク人生最大の大都会である。用心して走らなければ……

そう思い黄色信号で止まったとき、後方から大きな声がした。

振り向くと、トラックから顔を出し、何事か私に伝えようとしている。

どうやら、途中で道路に舞っていたビニールを引っかけて走っていたらしい。

久しぶりに頬に血が昇るのを感じながら、お礼を言い、ビニールを取り外した。

すると、傍らの商店主が、捨ててあげる、と手を差し伸べてくれた。

四国では、お遍路さんをもてなすこと—お接待を、自分たちの修行だと考えて、旅人を手厚くもてなす風習がある。

お伊勢参りでも施行と教えてもらっていたが、ここ名古屋でも、さりげないお接待や施行を受けたような気がした。

日の暮れを感じた私は、今夜の宿を思った。どこにしよう。

名古屋なら、いくらでもビジネスホテルはありそうだ。でもまだ、少し時間が早い。そうだ、やっぱり本屋さんよ！

またしても、駅前を目指した。

名古屋城を垣間見て、一九号線が二二号線に変わる前に左折し、くるりと回って名古屋駅の前に出ることができた。

新幹線や青春十八切符の旅の車窓から見る名古屋の駅前が、目の前に広がっている。

夕焼けに染まりかけた街をスーツ姿の人の群れが、駅の構内に吸い込まれていく。


だが、どうも考えが甘かったようだ。

小さな駅ならいざ知らず、大都会の駅前には本屋などないものらしい。

本屋を探すことは諦めて、また一九号線へと戻った。

大きく迂回したせいで、もう一度御園座の前を通ることになった。

観客のひとりなのだろう、粋に髪を結い上げ、足さばきも軽やかに着慣れた様子で歩く和服姿のご婦人を何人か目にした。

華やかな世界を少しうらやましいな、と思いながら、元の一九号線に戻れた自分を誉めてやった。

二二号線に変わり、このあたりの道路事情が少しわかってきたかな、と思いかけた頃、早くも岐阜の案内が見え始めた。

うわぁー、凄いや、もう岐阜はすぐそこなんだ！

もうこんな時間だし、おじさんの家には行けないから、どこかで泊まらなきゃな……


信号で停止した間、そう考えていた。

ところが、青になって走ろうとしたとき、異様な感覚をおぼえた。

ん？　と降りて見てみると、後輪の空気が抜けている。


えー、これって、パンクじゃないの?!


幸いにも、この広い二二号線は国道のすぐ横に、生活道路とでも言うのだろうか、一車線の道路があり、さまざまな商店が軒を連ねている。

見渡すと、私が止まっている信号のすぐ先にガソリンスタンドが見える。

とにかく、あそこまで行ってみよう。

私はタクトを押して歩き出したが、その重さにびっくりしてしまった。自分の作った荷物が重いことは知っていたが、それにタクトの重量も加わって、さすがの私も掛け声を必要とするほどだった。

ああ、かわいそうなタクト君。出発前に最大体重から五キロ以上落としてはいたが、それでもまだ七〇キロは割っていない。あなたは、こんなにも重い荷物を運んでくれていたのね……

ガソリンスタンドで事情を話すと、すぐそばにバイクショップがあるという。そんなにうまい話があるのだろうか……何キロも離れているのに、かわいそうに思って、近い、と言っているのではないの？そんな思いを抱きながら、言われるままタクトを押して歩いた。五分も歩かないうちに、本当にバイクショップはあった。ふうー、助かった。まだ、日は落ちていない。

よっこらしょ、の掛け声と共に、私は居並ぶバイクの中に、タクトを押して入って行った。

オーナーらしき人に、事情を説明した。

と言っても、私に詳しいことはわかるはずもなく、ただ、パンクしたらしいんですよ、としか言えなかったが。


「また、ずいぶんと大きな荷物を積んでいるんだねえ」

あきれたように、その人は言った。

「ええ、徳島から走ってきたもので……」

「えーっ、徳島って、あの四国の？」

「はい、今日で六日目なんですよ」

「ふ～ん……」

そう言うと、荷物をすべて下ろすように指示し、自分はタイヤの在庫を調べにかかった。

奥から、若い女性が声をかけてくれた。

「こちらでお待ちください」

カウンターになっている受付まで行くと、先ほどの女性が笑顔で迎えてくれた。

「徳島から、走ってこられたんですか？」

「そう」

「どこを走って？」

「フェリーで和歌山に上陸して、根来寺と當麻寺と室生寺を回ってから、津に出て、伊勢参りをして今度は知多半島にフェリーで……」

「え～っ、それじゃあ、鈴鹿山脈を越えて？」

「鈴鹿山脈って言うのかなぁ、名張から一六五号を久居まで走ったんだけど……」

「すごいわねぇ。よくエンジンが焼けなかったわね……」

「う～ん、よくわからないけど、今までは何の問題もなく、ここまで来たのよねぇ」

タクトの構造も、どんな手入れをすれば良いのかも、何もわからないままのタクトの旅である。ガソリンを入れること、オイルを入れること、それだけしか知らないし、実際に、それだけしかせずに、ここまで走ってきてしまったのだ。

話も途切れ、私は今夜の宿の手配をしなければいけないことを思い出した。

「この近くに、本屋さんはありますか?」

幸い、こちらもすぐ近くにあると言う。

修理にかかる時間を聞くと、ブラブラと店を出て、言われた方向に歩いて行った。

本当なら、通り過ぎてしまうこの街で、ブラブラと本屋さんを探して歩いている自分の姿が、どうにも不思議でならない。

それを言うなら、いまこうしてタクトで走っていることそのものが、不思議なことなのだ。

どうしてこんなことをしているんだろう……

またしても、いつもの疑問にぶち当たった。

いやいや、何か、そうする必要があってのことさ。

いずれわかるだろう、今は今夜の宿の心配をしよう……

十分も歩かないうちに、目指す本屋は見つかった。

旅のコーナーにまっすぐに向かい、この近くのガイドを探し当てると、宿の部分を拾い読みした。この時間からだと、幹線道路に近い場所でないと見つけることができないかもしれない。

伊勢でやったと同じように、一軒の宿の番号を覚えるとものも言わずに外に出て、すぐさま番号を押した。

果たして……

宿は満室だと言われた。

ははは、っ、そんなにうまくいくはずがないよね。

パンクして、すぐそばにバイク屋さんがあった。

本屋もすぐ傍にあった、それだけで充分じゃないの！

本心は、泣きたい気分だったけど、無理にそう言い聞かせた。

時間を見計らって、バイクショップへ戻った。既に、タクトのタイヤは両方とも取り替えられ、さっぱりとした姿になっている。

荷物のないタクトは、心なしか、やれやれ、と言っているようだ。

「走行中のパンクでなくて、本当に良かったね、気をつけて走るんですよ！」

そう声をかけてもらい、大きな荷物を縛りつけられたタクトは、またしても、トコトコと走り出したのだった。


一宮を過ぎ、岐阜に入ってから、私は岐阜駅を目指すことにした。

どうせ、各務原に行っても、おじはいないし、一度も行ったことのないおじの家に、夜中突然お邪魔するわけにはいかない。

ならば、以前行ったことのある岐阜駅前のほうが、よっぽど安心だろう。

駅前には、そのときに泊まったビジネスホテルもあるはずだから……


それなのに、私はまたしても一本早く、右折してしまったらしい。

道路標識も、漠然としかわからない。

案内があると、それが何キロ先の標識か、さほど考えずに方向を変えてしまう。

当麻寺でも、それをやって、わざわざ遠回りを経験している。

自分では気をつけているつもりでも、だんだんと暗くなり、どうにも不安になると、またぞろ、せっかちな私が出てきてしまう。

もう、どこをどう走っているのか、皆目見当もつかない。

そんなとき、今度はオイルのランプがついた。

一番先に目についたガソリンスタンドで、オイルを入れてもらい、幹線道路に出るにはどうしたら良いのか尋ねてみた。

先ほど通り過ぎた大きな看板を目印に、やっと二一号線に戻ることができた。

しかし、また反対に走っており、このままでは岐阜駅に行くことはできない。

いいや、各務原の近くまで行ってみよう。

そのまま走り続け、どうにも走ることが嫌になった頃、那加駅の案内を見つけ、そのすぐ近くの那加STATION・HOTELに今夜の宿をお願いすることにした。

もう、十年近く前になるが、一週間近く岐阜で遊んだことがある。

そのときが私の最初の家出だった。

当時反抗期まっさかりの長男との諍いで、頭から血を流していた私を見て、いかにも嫌そうな表情を見せ、たったひと言、

「またか……」

と言ったきり、何も言わずに食事を始めた夫にこころが冷えたのだ。

そのときは、父方の親戚を訪ねて歩いたのだが、そこでご馳走になったからし豆腐と、朴葉寿司を今も忘れることができないでいる。


やっぱり、ここまで来たら、からし豆腐でしょ、とばかりに、私は近くのスーパーへ行ったが、あいにくお休み。

それなら、と個人商店を二、三軒覗いてみたが、時間が遅いせいか、ひとつも残っていない。

そうなると食欲もなくなって、竹輪とビール、などという情けない夕食にすることも、なんとも思わなくなっていた。

十月十四日　支出合計　一万七千三百九十二円

内訳

有料道路	百五十円
ガソリン代	二百九十円
フェリー代	千九百九十円
昼食代	七百二十円
タイヤ交換	七千三百五十円
オイル代	八百八十二円
夕食代	五百十円
宿泊費（朝食付き）	五千五百円

†思わぬアクシデント／岐阜　（磐田　泊）

翌十五日は、朝からどんよりと曇り、この旅が始まって以来の嫌な天気だった。昨日のパンクといい、せっかくここまで来ていながら、おじに会えないことといい、疲れがどっと出るような、そんな気分を朝から味わっていた。

それでも気を取り直して、もうあちこち寄らずにまっすぐに小田原を目指そうかな、という気になり、準備を始めた。

食事も済ませ、いつもなら出かける前に、原稿を入力するのだが、それも今日はやめにして、空が泣き出さないうちに、出かけることにしたかった。

空を眺め、天気さえ良ければ寄りたいところはいくらでもあるのに……と、恨めしく思った。このあと、どれくらい、こんな自由な時間を持てるのだろう。

ひょっとすると、もう、二度とこんな旅はできないかもしれないのに、そう思うと残念な気もしたが、のんびりしている暇はない。

八時三十分、いつもよりも一時間早い出発となった。

まず江南へ出よう、と思った。そして、小牧を目指そう、そう決めて走り出した。

ところが、走り始めて間もなく、私はヘルメットの風防に水滴を感じるようになった。

合羽は持参している。けれど、荷物にまでは思いが回らず適当なビニールは用意していない。

目についたコンビニにタクトを止めると、早速中に入った。

そして、黒いごみ袋を買うことにした。

あまり良い格好ではないが、ほかに役に立ちそうなものが見当たらないのだ。

おじと同じ名字の店員さんに、つい声をかけてしまった。

「この辺には、その名字は多いのですか？」

「ええ、この辺の八割はこの名字ですね」

「そうですか……、わたしのおじがこの近くに住んでいるんですよ。私も旧姓はそれでしたし……」

「はあ……」

さほどおもしろい話題でもないと見えて、私よりも少し年配に見えるその店員さんは、早く次の仕事に取りかかりたい、という風に私の顔を見ようとはしない。

軽く声をかけると、黒いビニール袋を取り出し、まず、タクトの前の籠に入ったパソコンにかぶせることにした。

「ありがとう」

いくらバッグに入っているとはいえ、濡れて使えなくなってはこの先困ることになる。次に、長く重い大き目のリュック。こちらは両側からかぶせ、上になったほうの裾を軽く縛る形となった。雨はまだ、ほんの少し。

コーティングの施された黒いハーフコートは、雨をはじいている。

やれやれ、これで安心だな、と出勤で混雑する道路を江南へと走り始めた。

少し走っては止まり、また走っては止まる……

そんなことを繰り返しているうちに、紺色のきちんと手入れされたセダンの隣に止まっていた。

「あらあ、この車の持ち主は、ずいぶんと大切にしているようだな。ぴっかぴかに磨いてあるよ。もし、こんな車にぶっつけでもしたら、大変なことになるだろうなぁ……」

そんなことを思い、思わず口元をほころばせていた。

そして、また車が動いた……

そのとき、私は信じられない思いで、ブレーキをかけた。

何が起こったのか、まるでわからない。

夢を見ているようだった。

前方に目をやれば、幸い、空き地がある。

私は、紺色のセダンの運転手に軽く手を上げて、空き地を知らせると、先にそこへ行って、彼を待った。


程なく到着し、降りてきたのは夫と同年代の男性。

それを見て、少しホッとした。そう、今の時間に危ない人が走っているわけはない。

まともなサラリーマンにぶつかったことを、幸いだと思わなければ……

そうなのだ、私は右ブレーキのレバーで、紺色セダンの横っ腹に傷をつけてしまったのだ。長さ二十センチくらい。傷は浅い。

けれども、それで許してくれるはずはない。

「お宅が傷つけたんですよ。私は止まっていたんですからね。全面的にあなたが悪い。どうします？　警察に連絡しましょうか？」

私の頭の中では、とにかく徳島にさえ連絡しなければ、夫にさえ連絡が行かなければ、それで良い、ということしか浮かばなかった。

それ見たことか、そう言われることが何よりも怖かった。

さっさと馬鹿なことはやめて戻って来い、そう言って徳島に連れ戻されることが、怖かった。

「免許証を見せてもらえますか？」

「もちろん、私のせいであることは、わかっています。修理代は出させていただきます。でも、私はいま旅の途中ですから、連絡先をどうしようかと思って……」

「徳島にお住まいなんですね！」

「いえ、今は神奈川県に向かって旅の途中ですし、徳島では連絡が取れないと思うんですよ……」

「とにかく、あなたのご住所を教えてくださいませんか？　必ず連絡しますから」

そう言って、私は手帳を取り出した。

それを見て、相手も自分の手帳を私に差し出し、これにちゃんと連絡のつく住所と電話番号を書いてくれ、と言った。

お互いに住所の交換をし合ったあと、修理工場へ行くのなら一緒に行くが、と申し出てみた。

しかし、通勤途上、これ以上遅くなれば遅刻になる、と彼は言い、私もできることなら、早くこの場を立ち去りたいと思ったので、とにかく今夜お宅に電話をしますから、と告げ、私は平静を装ってタクトをふかした。

本来ならまっすぐ行く道を、わざとに細い路地に入り、その車をやり過ごすと、目についた喫茶店にタクトを走らせた。

とにかく、胸の鼓動を静めなくては……

しかし、私は喫茶店に着くまで、ニヤニヤ笑いをやめることができずにいた。

どういうんだろうな……と考えてしまう。

この車に当てたら……と考えた次の瞬間、私は車に傷をつけていた。

これに似たような経験を、前にもしている……


あれは、昨年の夏のこと。


私は、中学のクラス会に出席するために、四日ほど仕事を休むようにしてあった。それほどの連休はなかなか取れる職場ではなかったし、有給休暇もほんの少ししかもらっていなかった。

だから、連休になる前日、同僚にこんなことを話した。

「次にまとめてお休みを取るとしたら、お葬式でも出たときよ。そうでなければ、堂々とお休みなんか取れないもの」

その日の夕方、舅が入院している病院から電話があり、翌早朝、舅は息を引き取った。

四連休はクラス会ではなく、葬式になってしまったのだ。

あのとき、言霊という、言葉の持つ力をしみじみ怖いと感じた。
望んでいないことは口に出してはいけないんだ、しっかりとそう言い聞かせたはずなのに、今朝、こころに浮かんだことをふっと言葉にしてしまった……

これって偶然なのかなぁ。

私には、わからない。

喫茶店に入り、ボリュームのあるモーニングを薦められたが、さっき食べた朝食でおなかはいっぱいだし、先ほどの接触事故で胸もいっぱい。

本当は、何も口に入れたくなかったが、それでは落ち着かないだろうと、熱い紅茶を頼んだ。

それにしても、と思った。

あれがもっと大きな、例えばダンプカーの後ろにいて追突していたら、こんなことでは済まなかったな、と改めて震えを感じた。

実際に、そんなことが起こっても不思議はないくらい、私はぼーっと考えごとをしながら走っていたと思う。

パンクにしても、そろそろ限界だよ、と注意を受けていたのかもしれない。

今回の事故は、些細な、といって済ませられるほどのものだったが、間違って死に至ることだってあったかもしれないのだ。

ああ、まだ私は生かされている……

そう思った。

生きて、このまま旅を続けていいんだ、心底そう思い、感謝した。

気持ちをしゃんとさせると、きっぱりとさっきの事故のことは忘れ、初心に戻って安全運転をすることをこころに誓った。

昨日走った二二号線に乗り、小牧の案内が見えるとそちらに方向を変えた。春日井を抜け瀬戸を通り過ぎ、豊田を目指した。

何も考えず、ただ小田原を目的地に走り続けた。

雨は降ったり、やんだり……

少し長く降り、そろそろ雨宿りしようかな、と思う頃にはやんでいる。そんなことを何度か繰り返しながら、とうとう岡崎に入った。

郵便局で切手を買おう、そう気がついて、郵便局を探した。切手と葉書のセットを買い、ほんの少しの休憩のあと、私はまた走り出した。

何も食べる気がしない。何かに追われるように、ただひたすら走り続けた。空は低く垂れ、今が何時か正確なところはわからない。気温も低く、喫茶店を出るときに着た合羽が辛うじて寒さを防いでくれている。

私は何も食べなくても、タクトにはガソリンを入れてやらなければ、走ってくれない。二二号から一五五号に移り、一号線を走っている。大型のトラックが、どんどん私を追い越していく。道路の状況はけっして良いとは言えない。さすがにガソリンスタンドは其処ここにあるが、私はひなびた感じのする一軒を選んで、タクトを止めた。

人の良さそうなおばちゃんが、ニコニコしながら出てきた。ガソリンを入れながら、世間話をし始めた。

情のこもった人の言葉は、今日、これが初めてだった。素知らぬ顔をして、通り過ぎればそれで済んだのだが、なぜか、おばちゃんの笑顔に釣られ私も笑顔を返していた。

バイクでの旅のおもしろさ、そして怖さを、おばちゃんはたくさんのライダーさんから聞いて知っていた。

何度かおばちゃんのスタンドに寄ってくれた学生さんが、或る日、おばちゃんの店のすぐ近くで事故に遭い亡くなってしまったこと、大阪からつい最近、おんなの人が横浜まで、と言ってバイクで寄ったのよ、などと、おばちゃんは次々と話してくれた。

そして、事務所に入ると、熱い缶コーヒーを持ってきて、今日は寒いから、これでも飲みなさい、と私の手に押しつけた。

「そうだ、カメラを持っているの。おばちゃんの写真を撮らせてよ」

私は今回の旅で、初めて人物をカメラに納めることにした。

おばちゃんは、こんなおばあさんを撮っても仕方ないよ、と手を振ったが、私には忘れられない人になりそうな気がしたのだ。

何人もの人たちにあたたかい言葉をかけてもらい、励まされてここまで来たけれど、名前を聞いたのはたったひとり。

せっかくのカメラも、ほとんどキャップを被せたまま、日の目を見ていない。

二枚ほど写真を撮らせてもらうと、おばちゃんに別れを告げた。

熱いコーヒーは、私のポケットの中にある。

国道一号線をそのまま豊川、豊橋と来て、浜松に入ったところで目についた書店に入った。

何度も繰り返していると、探し物は短時間で済むようになるものだ。

外に出て、二カ所、電話をかけたが、あいにく塞がっていた。

それなら、走れるところまで走ってみよう、そう思い、またタクトのエンジンをかけた。

そして磐田……

この磐田には、知り合いが住んでいる。

単に前の職場の上司なのだが、転勤で徳島からここ静岡県磐田市に住んでいる。その転勤のとき、私は実家が神奈川県だから、そちらに出かけたときは寄ってみますね、と言っていた。

それがこんな形で磐田に寄ることになろうとは、思いも寄らないことだった。大手のスーパーだから、店に入り、上司の名前を言えば簡単に会うことができるだろう。もし、会えても、もう私があの職場を辞めていると知ったらどう思うかな……そんなことも脳裏をよぎったが、本当に店を覗くかどうかは、まだわからない。

駅前を目指し、私は右折した。

何軒か見つけたが、その気にならず、駅から少し離れたところにある磐田パークホテルが今夜の宿になった。

ホテルのレストランは、私の財布では太刀打ちできない。

それに、食べたいものなど特にない。

家族と暮らしている間、自分で献立を決め、自分で料理をしていたのに、あれも食べられない、これも買えない、と文句を言っていた私がいる。

夫と旅に出て、

「何が食べたい？」

と夫に聞かれ、答えたものを、

「そんなんがいいんか？　そんなんが食べたいんか？」

と返され、ほな何でもええわ、と答えていた。そのことが、とても嫌だったのに、さあ、何でも好きなものを自由に食べられるのよ、となると、食べたいものが見つからない……

なんて、わがままなんだろう。

またしても、パンやヨーグルト、バナナといったものを買い込んで、今夜の食事が始まった。


さすがに、今夜はビールを飲む気分にはなれない。

事故の相手に電話をかける前に、徳島の友人に電話をかけた。

簡単に事故の話をし、どうしたら良かったのか、確かめたかったのだ。

保険の仕事をしている友人も、それほど詳しくはなかったが、彼女の関わっている保険では、何もできないでしょうね、と心配そうに言うだけ。

「ところで、どうして、そんなところを走っているの？」

と質問されて、言葉に詰まってしまった。

「う〜ん、話せば長いんだよねぇ……

小田原に着いたら、ゆっくり手紙を書くから、それで勘弁してよ」

「え〜、小田原までミニバイクで走るの？　大丈夫？」

いや　大丈夫でないから、今日はあなたに電話をしたのよ、そう言いたかったけど、ごめんね。
「うん、今までなんともなく、ここまで来たから、この後もきっと大丈夫よ。心配かけて、
あっ、それから、このことは夫や子供たちには、知らせたくないから……」
「ええ、わかったわ。じゃあ、このあとも気をつけて走ってね」

そうか、やっぱりここは何万か出さないと仕方ないな……

そう腹をくくると、九時をまわったことを確認して、ＰＨＳを手に取った。

電話には、奥さんが出られ、当然のことながら何もご存じなくうろたえさせてしまった。怪我はなかったこと、こちらのミスなので弁償させていただくこと、いかほどになったのか知りたくてお電話しました、と筋道を立てて話した。

「いつも主人は帰りが遅いので……」

と答えられた。

それでも、遅くなっても連絡をくださいと言われていますので、と食い下がり、二十三時過ぎにもう一度、電話をすることにさせてもらった。

時間つぶしに、TVをつけてみた。

何を見ても、おもしろくない。

が、一カ所だけ、今まで経験したことのない番組を見つけた。

それは、アダルトビデオと言われるものだと思う。

ビジネスホテルに泊まり、ほとんどのチャンネルが見られるのに、お金を入れないと見られないチャンネルがある。

それがこういったチャンネルだと思うのだが、料金なしで見られるとは知らなかった。

馬鹿馬鹿しいな、と思いつつも、へえ、こうやって、女の子を脱がせるんだ、と少しずつおもしろくなってきた。

　事故のことが片隅にあるので、とことんのめり込むことはできないが、それでも、気晴らしにはなった。

しばらくして、電話をかけてみた。
ブー、ブー、ブー……
お話し中。
え〜っ、電話するって言っておいたのに……
少し、嫌な気持ちになった。

五分後、またお話し中。そんなぁ……

だんだんと胸の鼓動が大きくなってきた。
まさか、徳島に電話をかけてはいないよな……

朝、念のため、と徳島の電話番号も控えられてしまったのだ。

果たして、徳島に電話をかけると、こちらも話し中!

わ~、絶対絶命だー!

どうしよう、もう少ししたら、夫からPHSに連絡が入るかもしれない……

困ったな。

どうして徳島に電話をするのよ、ちゃんと奥さんにも、話したのに……


私は歯ぎしりをしたい気分だった。

もはや、アダルトビデオは昨日の新聞と化していた。


それから三十分間、何度もダイヤルを回したが、いつまでたってもお話し中でつながらない。

何度目かに、徳島にかけてみた。すると、呼び出し音が聞こえた。

慌てて受話器を戻すと、ほっと、安堵した。

え〜、さっきのは偶然なんだろうか……

それでも、油断はできない。

零時を過ぎても話し中を確認すると、諦めて、寝ることにした。

きっと、受話器が外れたままになっているのよ、そうに違いない。夫から何の連絡もないところをみると、徳島には連絡していないんだー　良かった……

ほっと胸を撫で下ろし、目を閉じた。

十月十五日　支出合計	九千二百四十四円
内訳　ビニール袋代	百五十五円
紅茶代	三百五十円
切手・葉書代	八百五十円
ガソリン代	三百十九円
夕食代（パン、ヨーグルト）	六百四十円
宿泊代（素泊まり）	六千九百三十円

†自分を認めてもらううれしさ／御殿場へ

（御殿場・義母宅　泊）

朝が来て、八時過ぎに電話をかけた。今度はちゃんとつながった。

「昨夜、あなたからの電話をず～っと、待っていたんですよ」

開口一番、なじるように奥さんに言われた。

「あらっ、何度も電話をかけたんですが、ず～っとお話し中だったので、零時を最後に寝たんですが」

「えっ、じゃあ、受話器が外れていたのかしら？　私も十二時まで待っていたんですよ」

ふ～、やっぱり徳島には連絡していないんだ……

安心し、まだ金額の見積もりが出ていないことを聞くと、弟のところに連絡をくれるよう再度頼み、電話を切った。

いつも通り、九時に出発した。昨日のような失態は、もうこりごりだった。今日は御殿場に泊めてもらうことになってる。そこは父の後妻さんの住むところで、本来ならば、私の行くところではない。けれど、私はある時期から、彼女にとても感謝するようになっていた。

私は本当におばあちゃん子だった。祖母は、何人もいる孫の中でも、とりわけ私を可愛がってくれた。その祖母の臨終を、私は看取っていない。長女の出産時期と重なったが、それでも生まれて間もない長女を見てもらおうと、本気で思えば連れて行ける距離にいた。

祖母を、そして祖父を、最後に父を看取ってくれた彼女に、恨みを抱くことはできない。私が結婚する前は、私の家庭を壊した人、というイメージもあったが、何年もの結婚生活で、離婚に至ったのは父だけのせいではなく、以前から両親双方に原因があり、彼女はその一端を担っただけだと気がついた。

それどころか、寝たきりの祖母の世話、アルコール漬けの祖父の世話をし、六十に手が届く前に父に死なれ、ひとりになった。

正直な話、気の毒な女性だと思うようになっていたのだ。

今回、せっかくの機会だから、ゆっくり話したいなと思い、

「泊めてほしいんだけど」

と電話し、ＯＫをもらっていたのだ。


ホテルを出る前に、元上司が勤めているスーパーマーケットの場所は聞いてあった。けれども、店が開くまでじっと待つつもりはないし、それ以前に訪ねていくほどの理由もない。


私は、磐田から一号線を走り、道の駅『富士』でパンとジュースの昼食を摂ることにした。今朝食べたバナナが、一本残っている。

昨日とはうって変わった青空の下、人の視線もまるで気にせず、駐車場と歩道との境の段差に腰を下ろすと、しっかりと腹ごしらえをした。

だんだんと距離も読めるようになったが、昨夜、弟と話したとき、磐田から御殿場まではかなりの距離があるぞと言われた。
「そんなことはないよ、二時か三時には、着くはずだもの」
そう言ったが、弟はもう少しかかるはずだ、なにせ、三〇キロでしか走れないんだからな、と笑った。

そんなこともないんだよね、と昨夜の会話を思い出しながら、それでも無茶な走りをせずに済むようにと、早々にタクトにまたがった。

タクトで走っていて思うのは、私のナンバープレートのマイナーさ。そういう言い方でいいのかどうかはわからないが、藍住と書かれたナンバープレートで、いったい何人の人が徳島県とわかるだろう。

また一台、私を抜いたバイクがいる。神戸ナンバーだったり、札幌ナンバーだったり……ああ、なんて遠くを走っているんだろう！
それらのバイクはすぐにそうとわかるが、私のナンバーで、しかもミニバイクとあっては、そこいらのおばちゃんが買い物に出ている、くらいのことしか思わないだろう。

人の思惑なんかどうでもいいのよ、そううそぶきながら、四十路のおんながひとりで徳島から走ってきた、という事実を認めてもらいたい私がいる。

人がやらないことをやって、私という人間を認めてもらおう、そう考える私がいる。それは、単に有名になりたいからではない。

四十五年生きてきて、不幸を数える日々を過ごし、誰にも自分を認めてもらえない、なぜこんな思いをしながら生きているんだろう、と嘆いた結果、生きているんではなく、生かされているのだ、とだんだんに気づいてきたから。

なぜ、生かされているんだろう……
なぜ、嫌な思いをしながら、生きていかなければいけないのだろう……
なぜ、私は考えることをやめられないのだろう……

何度もなぜ？　を繰り返し、何度も何度も考えて、やっと辿り着いた結論は、私でなければできないことをするためだったから。

自分の経験をもとに、私と同じせつない思いで生きている人たちに、もっとこころ軽く生きてもらいたい、私にできるそんな何かをしたい、そう思うようになっていったから。

その何か、とは何なのだろう。

まずは、私という人間がこんな経験をしました、
今、こんな思いで生きています、
そう知ってもらうことではないか、そう考えるようになっていた。

それにしても、静岡の道は走りにくい。
あちこちにバイパスが出来て、車で走るにはとても便利なようだが、私のようなミニバイクでは、そのたんびに旧の国道一号線に戻らなければいけない。

そんなとき、私の胸ポケットのＰＨＳが鳴った。

昼間は、ほとんど鳴ることのないＰＨＳだが、この旅の途中、二、三度連絡をくれた人がいる。

出かける寸前、と言ってもいいような時期にメール友達になった私の弟よりも若い人。私をお姉ちゃんと呼んでくれて、心配だから時々自分の耳で無事を確認したいんだ、と言われて、ＰＨＳの番号を教えてあった。

和歌山でも、ここ静岡でも、彼は思い出したように連絡をくれた。路肩にタクトを止めた私の、久々に聞く明るい声で、ああ、今日も元気なんだね、とうれしそうに言ってくれる彼は、とても支えになったと思う。

詳しい事情を知っているわけではないが、こうしてタクトで走らなければいけないらしい、そうすることがあの人には必要らしい、そう判断して、メールで電話でＰＨＳで励ましてくれる。

立ち寄る先では、優しい言葉をかけてもらい、きついなぁと思っても、裏では私を心配してくれていたたくさんの人のことを思い出す。

もうすぐ、旅も終わり……
旅の終着地点で、私は何を思うのだろう。
これから先、どうやって生きていくのだろう。

旅の終わりは、また新たな旅の始まりにすぎない。
夫を捨て、子供を置いて長年住み慣れた家を出て、私はひとりで生きていけるのだろうか
……

不安は、山ほどある。

夏には見えなかった富士山が、既に雪を被り、凛とそびえている。

ああ、ことの始まりはこの富士山だったな、とほんのひと月前を思い出す。

富士山に逢えなかったのよね……

その私の言葉に、富士山の周りを一周してくれたメール友達がいたから、私は自分の意見を無条件に聞いてもらえることのここちよさを知ったのだ。

自分を認めてくれる人がいる、私の希望を最優先してくれる人がこの世の中にいるんだ、と感激した。


十二の頃から朝も昼も夜も、毎日毎日眺め続けた富士山に逢えなくなって、どれだけさびしかったか、それを思った。

†自分を認めてもらううれしさ／御殿場へ

沼津の先で一号線を二四六号線に乗り換えると、御殿場駅のすぐ近くにある義理の母の住まいへとタクトを進めた。

弟の予想よりも、はるかに早く到着した私は、義母の帰りを待った。

ひとりになってまた仕事に出ている。

じっと家にいてもすることがないから……

義母はそう言って、笑っていた。

大きな買い物袋を下げ、義母が帰ってきた。この住まいを私が訪れるのは、これが最初。長年の付き合いで、喧嘩もし、父を見送ったあとは、私や弟の家族と親しく付き合うようになった義母は、今は明るく私を迎えてくれる。

一緒に食事をし、そうだパチンコに行こう、とふたりで出かけた。

じっくりと腰を据えての遊びではないから、玉がなくなると家に戻り、たくさん話をした。

まるで、十年来の親友のように、隣り合わせに敷いた布団の中で、くすくすと笑いながら、おしゃべりをした。

なんとも、不思議な気分だった。

夫の元を去る、と言ったとき、

「一緒に暮らすことはできないからね。私をあてにしてもらっても、困るから」

とにべもなく告げたのが、実の母。

隣り合わせの布団の中で、笑いながらおしゃべりしているのが、父親を奪った、恨んでもよいはずの義理の母……

人のこころは、なんて変わりやすいんだろう。

と言うよりも、私がそれだけ成長したのかもしれない。

祖父母の最後を看取り、父の位牌も守ってくれているこの女性を、粗末にできるわけがない……

十月十六日　支出合計　　　　五百十五円
　　　　　内訳　パン、ジュース　二百二十五円
　　　　　　　　ガソリン代　　　二百九十円

†遠回りしたけれど／小田原到着

翌十七日、私は父や祖父母の位牌に手を合わせ、義母のことは私が守るから、と約束をした。

昼過ぎに義母の家を出て、また二四六号線を走り、松田から大雄山を経て小田原市栢山の弟の家に着いたのは、午後四時前のことだった。

徳島県藍住町の自宅から神奈川県小田原市の弟の家まで、走行距離約八百二十キロメートル。無知と無謀と好奇心が親友の私らしい、ハラハラドキドキの九日間だった。

母から同居を拒否され、しばらくは弟の家で甘えさせてもらっていた私だが、いつまでもそんな生活をするわけにもいかず、長男の住む町に六畳一間のアパートを借りた。四十四歳の終わりにして体験するひとり暮らしは、ひどくわびしいものだった……
知らない街で仕事も見つけられず、半日しか日の当たらない部屋に閉じこもり、パソコンと向かい合う日々を経て、私は今を生きている。

なぜ、私は生かされているのか？

これは私の四十五年間の生きるテーマだったように思う。

最近では早くから自分の将来の姿をきちんと見つめ、それに向かって一直線に進む人々も多いけれど、中学を出て定時制高校に通ったあたりから私は頭で学習するのではなく、体で、こころで学習してきたように思う。

本当に遠回りだった……

もしも、父が事業に失敗しなければ……

もしも、一生懸命勉強して全日制の高校に行っていれば……

もしも、結婚生活を神奈川で送っていれば……

等々、考え始めればきりがないほどの〝もしも〟がある。

しかし、今がこれまでにないほど充実していて、しかも、幸せだ！　と思えるのは、そういったさまざまな経験があるからに他ならない。

さまざまな場所で見知らぬ人たちに助けられ、励まされた経験から、私はこれからの人生を恩返しにしよう、と思うようになった。

自分を見失い、今の自分が息苦しくても抜け出すことができないでいる人たちへ、メッセージを送りたいと思うようになった。

今はまだ、何もできていないけど、いつの日にかこころ疲れた人たちが自分を見つめることのできる場所を作ろうと、思うようになった。

誰もが無限の可能性を秘めている。子供だけでなく、おとなだって誉めてもらいたい、認めてもらいたい、もっともっと素直に自分のこころをさらけ出し、優しく抱きしめてもらいたい……

おばあちゃんの乳房のような、ひなびて懐かしくさらっとした感触を味わえる場所で、自分探しをし、新たな自分を発見してこころ豊かに生きてもらうために、私はこれからを生きようと思っている。

〈終〉

カバーイラスト／菊地千恵子

著者プロフィール

丹羽 恵美子（にわ えみこ）

本名（竹田 恵美子）
1955年（昭和30）広島県双三郡生まれ、9歳から神奈川県小田原市で育ち、結婚して徳島県徳島市へ。
現在、千葉県浦安市に在住。
メールアドレス yosoji@v007.vaio.ne.jp

四十路のライダー タクトで走る！——自分探しの旅・おんなは度胸編

2003年 1月15日 初版第1刷発行

著 者 丹羽 恵美子
発行者 瓜谷 綱延
発行所 株式会社文芸社
〒160-0022 東京都新宿区新宿1－10－1
電話 03-5369-3060（編集）
03-5369-2299（販売）
振替 00190-8-728265

印刷所 株式会社ユニックス

ISBN4-8355-5089-7 C0095